재혼 가정 치료

행복한 복합가정 이루기

THERAPY WITH STEPFAMILIES

by Emily B. Visher and John S. Visher

재혼 가정 치료

행복한 복합가정 이루기

Emily B. Visher, Ph.D.
John S. Visher, M.D. 저

반건호, 조아랑 번역

도서출판 빈센트

역자 서문

　우리나라의 이혼율이 최근 들어 급작스럽게 높아지는 것이 큰 사회적 문제로 등장하고 있다. 혼인율/이혼율을 비교해 보면 1970년 9.2/0.4%에서 2001년에는 6.7/2.8%로 나타난다. 혼인은 줄고 이혼은 늘고 있는 것이다. 이혼이 늘어남에 따라 혼인 형태도 초혼은 줄고 재혼은 늘어나게 된다. 홍미로운 사실은 남성의 재혼율에 비해 여성의 재혼율이 더 빠르게 높아지고 있다는 사실이다. 1992년과 2001년을 비교해 보면 남성의 재혼율은 8.5%에서 14.7%로, 여성 재혼율은 7.8%에서 16.4%였다(통계청 인구동태통계연보 혼인 이혼편, 2002).

　아직까지 우리사회에서는 이혼과 재혼에 대해 부정적인 시각이 강한 편이다. 의붓엄마, 의붓아버지, 계모, 계부, 새엄마 등 이들 가정과 관련된 용어도 행복하게 들리지 않는다. 재혼이라는 이유만으로 별 문제가 아닌 것도 재혼 가정이라서 그렇다는 색안경을 끼고 보게 된다. 더 큰 문제는 이혼, 재혼율이 너무 빠르게 높아지다 보니 문제 발생 시 대처할 수 있는 대책이나 전문가가 드물다는 것이다.

　이혼과 재혼은 성인과 성인의 결정에 따른 변화이지만, 이 시점에서 우리가 관심을 갖는 또 하나의 이유는 바로 그 가정에 속한 아이들 때문이다. 2001년도 통계청 자료에 따르면 이혼 당시 20세 미만

4

의 자녀가 있는 가정이 70.3%였다. 이 아이들은 부모의 이혼으로 한 번 상처를 받고 재혼으로 인해 다시 변화의 소용돌이에 휘말리게 된다.

어른들이야 당사자의 결정에 따른 행동이므로 자신들이 손해를 입고 책임도 져야 하겠으나 아이들은 아무 이유없이 편견의 피해자가 될 수 있다.

이런 상황에서 수 십년 간 재혼 가정 문제를 연구해 온 Visher 박사 내외의 책을 만난 것은 참으로 다행한 일이다. 재혼 가정의 문제, 평가 방법, 대응전략 등을 상세히 기술하였고, 아이들을 도와줄 수 있는 대책을 구체적으로 다루고 있다는 점이 이 책의 뛰어난 부분이다. 특히 역자가 이 책을 번역하게 된 이유 중의 하나는 재혼도 결혼의 한 형태이고, 조만간 재혼이 가장 흔한 결혼 형태가 될 수도 있음을 감안하면 행복하고 성공적인 '재혼학'이 필요하다고 느꼈기 때문이다.

책의 원 제목은 'Therapy with Stepfamilies' 이다. 역자들은 'stepfamily'를 번역하면서 적합한 용어를 찾기 위해 노력하였다. 기존 개념으로는 의붓가족 혹은 계가족 등으로 번역해야 하는 데 편견이 실린 단어인데다가 재혼의 형태도 여러 가지이므로 모든 형태의 재혼 가정을 그렇게 부르기에는 무리가 있기 때문이었다. 따라서 역자들은 원저자의 취지를 충분히 반영하여 '복합가족'이라는 새 단어를 사용하였다.

초혼을 치루는 모든 부부는 행복과 성공을 기대한다. 초혼이 아니라는 이유로 재혼의 형태를 띄는 부부는 이러한 기대가 반감된 출발을 한다. 역자들은 복합가정이라는 새 단어를 만들면서 이제까지 사회에서 갖고 있던 편견을 조금이나마 덜어줌으로써 복합가족이 초혼 때 만큼이나 큰 기대를 갖고 출발할 수 있게 되기를 바란다.

작업에 참여했던 신유호 신경정신과의원 원장, 경희대학교 부속병원 신경정신과 김인수 선생, 국립서울병원 손소정 선생, 경희대학교 의과대학 정희경 군의 수고에 감사드립니다. 마음 놓고 번역을 할 수 있도록 도와주신 경희대학교 의과대학 신경정신과 식구들에게도 심심한 사의를 표하며, 빵점 아빠를 믿고 격려해주는 아내와 아이들에게 사랑을 전합니다.

2003년 7월 회기동 연구실에서
역자대표 반건호

머리말

1979년, 우리의 첫 번째 저서인 'Stepfamilies: A Guide to Working with Stepparents and Stepchildren'을 출간했을 때만해도 재혼 가정의 가족관계에 대한 저술이나 연구가 거의 없었다. 이혼 과정에 대한 연구와 저술은 많았지만, 사별이나 이혼한 사람들의 그 후 삶에 대해서는 별로 관심이 없었다.

그러나 그 후로 상당한 학문적 연구 관심이 이 중요한 삶의 시기에 집중되었고, 이 특별한 가족들과의 작업으로부터 많은 임상 경험을 축적 할 수 있었다. 최초에 복합가정과 초혼가정을 비교한 연구에서, 복합가정은 뭔가 부족하고 일류가 아닌 이류의 "대체 가족 형태"로 여겨졌다. 그 후 복합가정의 수가 증가하고 그에 대한 연구가 보다 세련되고 정교해지면서 많은 연구들이 핵가족과 비교하는 "결손 모델"에서 임상가들 뿐만 아니라 가족들 스스로에게 보다 가치있는 접근으로 바뀌었다. 최근의 연구 경향은 어떻게 하면 이렇듯 복잡한 가족 구조의 초기 어려움과 도전을 효과적으로 다루면서 성공적인 가족 통합을 이룰 수 있을까 하는 방법에 대한 질문과 해답을 찾고자 하는 것이다. 이 책 전반에 걸쳐서 제공하는 정보는 이러한 연구 결과들과 함께 전국 방방곡곡 모든 계층의 수많은 치료자들과 복합가정 가족 구성원들과의 개인적 접촉과 임상적 관찰을 통해 얻은 것이다.

치료자들을 위한 우리의 이전 저서인 'Old Loyalties, New Ties: Therapeutic Strategies with Stepfamilies'가 미국의 여러 지역, 여러 계층의 치료자들을 위해 제공된 십년 간의 연구모임과 '미국 복합가정협회'를 통한 가족들과의 숱한 접촉에 근거한 것이었다면, 이 새로운 저서는 지난 십 년 동안 출판된 우리의 저서와 저술, 연구의 기본적인 사상과 복합가정 역동에 대한 우리의 현재 생각, 그리고 이러한 가족들과의 임상적인 작업에 대한 쟁점들을 통합한 것이다.

인구통계학자들은 2,010년이 되면 복합가정이 미국 내에서 가장 흔한 가족형태가 될 것으로 예측하고 있다. 따라서 치료자와 상담가, 사회기관 들을 찾아오는 의뢰인의 상당 부분을 복합가정 구성원이 차지하리라는 것은 그리 놀랄 만한 일이 아니다. 복합가정과의 작업은 다른 형태의 가정과의 작업과 치료적 및 역동적으로 차이가 있기 때문에, 가족문제에 관해 작업하는 전문가들은 복합가정 치료에 대한 보다 많은 기초지식과 전문지식, 그리고 가족 치료 과정의 중요 분야로서 복합가정 역동을 포함하고 있는 더욱 더 전문적인 훈련프로그램을 원하고 있다. 우리는 복합가정에 대한 기초적인 정보와 길잡이에 대한 이러한 요구를 염두에 두고 본 저서를 저술하였다. 간결한 방식으로 저술하였으며, 많은 증례 삽화와 함께 특정 분야의 추가적인 정보를 원하는 사람들을 위해 읽을 거리를 제공하고 있다. "가족 치료"란 사무실 안의 모든 가족 구성원들의 물리적인 존재보다는 심리 상태를 언급한다고 여기기 때문에, 이 책은 다양한 이론적 배경을 가진 전문가들에게 가치가 있으리라고 생각한다.

이 책의 첫 번째 두 장은 복합가정의 역동과 구조를 개념화 하는 데 유용한 방법의 개요와 이러한 구조 때문에 복합가정에서 발생하는 특별한 과제를 제시하고 있다. 3장은 다른 가족 형태의 구성원과 비교해서 재혼한 가정의 가족 구성원들과 치료적으로 작업하는 데 있어서의 차이점들을 강조하고 있다. 4장은 복합가정의 어려움을 여덟 가지 영역으로 나누어 초점을 맞춰 보며, 5장은 이러한 어려움의 하나 혹은 그 이상의 영역에서 곤란을 겪고 있는 가족들과 작업할 때 사용할 수 있는 유용한 중재 방법들을 보여주고 있다. 6장은 친부모와 의붓부모가 그들의 자녀들을 보다 효과적으로 이해하고 상호 작용할 수 있도록 이들을 도울 수 있는 많은 제안들을 치료자에게 제공한다. 7장에서는 그러한 가족들로부터 받은 수많은 논평과 제안을 포함하는 성공적인 복합가정이라는 내용으로 이 책을 마친다. 복합가정이 도움을 받거나 의지할 수 있는 단체의 목록과 치료자를 위한 추가적인 자료모음을 부록으로 제시하였다.

재혼한 가족구조 역동의 미세한 차이를 충분히 인식하게 되면서 우리가 경험했던 난제들을 해결하기 위해 복합가정 분야에 몸 담기로 결심한 이후, 우리가 연구를 해 오면서 많은 복합가정과 동료, 그리고 친구들로부터 격려와 전문가적 의견을 받을 수 있었다는 것이 우리에게는 가장 큰 행운이었다. 특히 미국 복합가정 협회의 직원들과 회원들뿐만 아니라 Anne Bernstein, Lee Combrinck-Graham, Patricia Papernow, Kay Pasley, Bernald Mazel, Froma Walsh 등의 덕택이었다. 우리는 그들의 도움에 감사하고 또한 복잡한 복합가정 쟁점들을 다루면서 어려움과 성공을 함께 나누었던 어른들과 어린이들에게도 감사한다. 마지막으로 우리에게 많은 가치있는 복합가정 수업을 계속해서 가르쳐주었고 사랑으로 지지하고 격려해 준 우리 아이들과 손자들에게 깊은 감사와 고마움을 표한다.

Emily B. Visher, Ph.D.
John S. Visher, M.D.

목차

1

서론

편부(모) 가정, 동성애 가정 뿐 아니라 입양가정, 입양될 아이를 잠시 맡아 기르는 가정 등 가족 형태는 점차 다양해지고 있다. 그 원인으로 사회적 변화, 새로운 생물학적 지식, 결혼에 대한 기대치의 변화 등을 들 수 있다. 핵가족 이혼율의 빠른 증가로 편부(모) 가정, 재혼 가정, 복합가정 등이 늘고 있다. 실제로 인구통계학자들은 미국에서 복합가정이 곧 초혼 가정보다 많아질 것으로 예측하고 있는데, 왜냐하면 초혼의 60%가 이혼으로 끝이 나고, 이혼한 사람들의 75%가 대개 삼사 년 안에 재혼하기 때문이다.

1980년대에 태어난 모든 아이들의 45%가 18세가 되기 전에 부모의 이혼을 경험할 것이고, 35%는 실제로 동일한 기간을 의붓부모와 살게 될 것으로 추정된다(Glick, 1989). 이러한 계산은 아이들이 함께 사는 복합가정만 포함한 것이다. 그러나 많은 아이들은 어머니와 편모 가정에서 살고, 재혼한 아버지와 함께 있을 때는 복합가정에서 시간을 보낸다. 부모가 이혼 후 모두 재혼한 경우 아이들은 두 개의 복합가정을 가지게 된다. 미국 복합가정의 수는 어떻게 세는지에 따라 달라진다.

성인이 된 의붓자식과 19세 이하의 아이를 가진 복합가정을 집계하면 미국 인구의 반 이상이 그들 인생의 어느 순간에는 의붓자식, 의붓부모, 의붓조부모, 또는 재혼한 부모로서 복합가정의 삶을 경험할 것으로 추정된다(Glick, 1991).

비록 이런 가정의 변화가 미국에서 더 광범위하게 발생하고 있기는 하지만, 전 세계적으로 유사한 변화가 일어나고 있다. 이는 이런 변화가 미국 사회의 특성 때문이라는 견해를 반박할 수 있는 중요한 근거가 된다. 중요한 과학기술의 진보 및 인류의 존엄과 가치에 대한 우리들 생각의 진전이 가정 형태 변화의 기본이다.

가정의 유동성, 라디오와 텔레비전의 영향력, 컴퓨터 시대가 낳은 효과가 한 세기 전 세상의 단순성과 한정된 시각을 산산이 부수고 있다. 평균 수명이 증가하면서 우리의 관심은 삶의 '양'보다 '질'로 바뀌고 있다. 현대 부모들은 아이들이 자라고 독립을 한 후에도 많은 삶을 누릴 수 있지만, 한 세기 전만 해도 대부분의 아이들은 그들이 성장하는 동안 부모의 죽음을 예상해야 했고, 아이들이 다 자란 뒤 부모와 함께 할 수 있는 시간이 불과 몇 년 정도였다.

가장 뜻 깊은 변화는 모든 인간이 '삶, 자유, 행복 추구'에 대한 기본적인 권리를 가지고 있다는 확신이 증가하고 있는 것이다. 이러한 새로운 이해와 함께 가족 내 관계에서 많은 변화가 일어나는 것은 그리 놀라운 일이 아니다. 가정 폭력에 대한 인식의 증가와 더불어 그에 상응하는 별거와 이혼이 증가하리라는 것도 예상할 수 있다. 일반적인 변화와 마찬가지로 가정의 변화는 희망과 약속 뿐만 아니라 상실과 고통도 동반한다. 그러나 새로운 지식과 새로운 전망을 가지고 과거로 돌아가는 것은 불가능하다. 우리는 마음의 문을 닫을 수 없으며, 배워 온 것을 잊어버릴 수 없다. 우리는 새롭고 만족스러운 가족 관계를 찾기 위해 앞으로 나아가야만 한다.

계속하기에 앞서 몇 가지 개념을 정의하고 넘어가자.

1. 복합가정

성인 한 쌍 중 적어도 한 명이 이전 관계에 의한 아이를 가지고 있는 가정이다. 물론 아이들이 대부분의 시간을 함께 하는 가정 뿐만 아니라 가끔 방문하는 가정도 포함한다. 어른끼리 사실혼 관계인 가정, 아이를 입양했거나 하나 혹은 둘 모두가 아이를 가진 후에 함께 살게 된 동성 커플도 포함한다.

즉, 아이의 생물학적 부모나 아이를 입양한 부모가 아이의 생물학적인 부모가 아닌 사람과 함께 살거나 결혼하는 상황이다. 이러한 가정의 가족 구성원들 간에는 다른 점들이 분명히 있으나, 기본적인 감정역동은 유사하다. 이와 같은 유사성 때문에 이 책에서는 전반적으로 용어에 포함된 내용에 구애 받지 않고 광범위한 해석을 사용할 것이다. 예를 들어 우리가 '결혼' 이라는 단어를 쓴다면, 거기에는 장기적인 관계로 함께 살아가는 성인들이 포함될 것이다.

2. 같이 사는 부(모) (또는 가족 구성원)

아이가 대부분의 시간을 함께 사는 부모이다. 꼭 그렇지는 않더라도 대개는 아이의 후견권을 가진 부모일 것이다. '후견' 과 '방문' 은 종종 부정적인 법적 인상을 풍긴다. 따라서 복합가정에서 이러한 개념을 언급할 때 가능하다면 '거주' 와 '접근' 이라는 용어의 사용을 선호한다.

3. 같이 살지 않는 부(모)

함께 지내는 시간이 상대적으로 적은 부(모)를 말한다.

4. 재혼한 부(모)

생물학적자녀 또는 입양아를 가진 사람이 아이의 생물학적 또는 입양한 부(모)가 아닌 누군가와 결혼한 경우이다.

5. 의붓부(모)

아이 부(모)의 새로운 배우자로, 아이와 생물학적으로는 관련이 없다.

현대 사전에는 '의붓부모' 와 '의붓자식' 에 대하여 부정적인

정의를 내리고 있고, '의붓'이라는 접두어는 여전히 부정적인 의미를 전달한다. 실제로 이 용어는 부정적 인상을 주기 때문에 많은 사람들이 사용하기를 꺼린다. 이러한 형태의 가족에 적합한 긍정적인 용어를 찾기 위한 시도가 있었고, 그 결과, 결합가족, 이핵가족(二核 家族), 복잡가족, 재구성가족, 재혼 가족, 혼합가정 등을 제시하였다. '재구성'이라는 용어는 사람들에게 오렌지 주스 대용품을 떠올리게 하고, '혼합가정'이라는 용어는 다양한 가족 배경의 유지를 인정하는 통합의 의미보다는 동질성을 시사한다. Papernow(1991)는 "만약 혼합된 가정이라면 누군가는 크림처럼 되어 가고 있을 것이다."라고 말한다. 실제로 많은 사람들이 '혼합가정'과 '복합가정'을 같은 의미로 말하는데, 그 이유는 혼합가정은 성인 둘 다 이전의 관계에서 생긴 아이들을 데려 온 가정으로 생각하고, 복합가정은 성인들의 한 쪽 만이 이전의 결혼으로부터 아이들을 데려 온 가정이라고 여기기 때문이다.

이러한 동의어들에 비해 명확성과 정확성 면에서 "의붓부모", "의붓자식"을 사용하는 것이 가장 적절하다. 따라서 우리는, 심지어 아이가 없는 사람과 결혼해서 의붓부모가 될 수 없는 재혼 부모를 비롯한 모든 구성원을 포함하는 "복합가정"이라는 용어를 계속 사용할 것이다. 배우자 역시 의붓부모가 아닌 많은 의붓부모들이 이러한 "복합가정"의 포괄성을 인식하고 있다. 이런 모든 것을 고려하여 우리는 원형의 접두어인 "step"('고아가 된' 또는 '가족이 죽은'이라는 의미의 고대 영어인 "steop"으로부터 유래)의 사용을 선택하였고, 이러한 용어를 적어도 거부감 없이 중립적으로 받아들일 수 있도록 하는 교육을 시도하기로 하였다.

안타깝게도 사회는 복합가정의 가족구성원을 부정적으로 낙인 찍고, 열등하고 부족한 가정으로 대하는 경향이 있다 (Coleman과 Ganong, 1987). "의붓자식"이란 용어는 "영업부는 회사 입장에서는 의붓자식"이라는 식으로 경멸적으로 사용된다. 편부모와 복합가정 가족 구성원들에 대한 고정 칼럼의 제목을 〈복합가족에 대한 나쁜 기사〉로 붙이기도 한다 (Whitehead, 1993).

  잉글랜드에서 있었던 매스컴의 대소동을 통해서 복합가족을 둘러싼 영국 내의 유사한 분위기를 엿볼 수 있다. 복합가족에 대한 편견은 동유럽에서는 더 심하고, 다른 문화권에서는 더욱 심하다고 알려져 있다. 영국의 한 우편 주문 회사에서 카탈로그 삽화로 사용하기 위해 "1994년의 가족모델"을 공개 모집한 바 있다. 결승 진출 가족 중에서 수상자를 가리기 위한 TV 시청자 투표도 실시했다. '런던 데일리 미러'지의 기사내용을 보면 당시의 상황을 추측할 수 있다. "가빈과 미쉘은 정말 멋진 커플이었

= StepFamily

다. 십만 명의 경쟁자들을 제치고 카이사의 카탈로그에 실릴 의상 모델로 선발되었다. 그들 이야기는 거기서 끝났어야 했다. 그러나 미쉘이 전에 결혼한 적이 있고 전 남편과의 사이에 다섯 살 된 딸, 미아가 있다는 뉴스 속보가 전해지면서 그들의 사랑스러운 관계는 무언가 잘못되고 지저분한 것으로 변형되었다." 미쉘은 이 보도가 나간 뒤 다음과 같이 반응을 보였다. "우리는 지극히 평범하다. 그런데 갑자기 우리가 현대 영국 가정을 대표하는 가족으로 뽑혔다. 우리는 우리가 무언가 특별하다는 것을 말하기 위해서가 아니라 단지 의상 모델을 위한 경쟁에 참가했을 뿐이다."

런던 선데이 타임스는 "핵가족의 몰락과 전략"이라고 매우 크게 머릿기사를 실었고, 다른 신문들도 지나치게 부정적인 기사를 실었다. 그것은 건강한 다양성이 아니라, 마치 복합가정의 존재가 초혼 가정을 위협한다거나, 한가지 형태의 가정만이 존재해야 한다는 것 같았다. 이러한 반응으로 볼 때, 사람들이 종종 복합가정 상태를 숨기려고 하는 것이 그다지 이상하지 않다. 치료자가 재혼 가정을 부정적으로 바라보고, 복합가정 구성원도 치료자가 자신들의 가정을 열등하고 부족한 가정으로 간주한다는 생각이 들면 치료에 부정적으로 반응하게 될 것이다.

누구라도 부정적인 환경에서는 번창하기 어렵다. 미국 가정의 대표적인 한 형태 임에도 불구하고 복합가정의 요구는 사회에서 무시되어왔다. 가혹한 환경은 복합가정의 성장과 발전을 저해할 수 있으며, 재혼 가정이 불행하다는 지각에 대한 반작용이 종종 일차적 치료 과제가 된다. 치료가 성공하려면 하얀 말뚝울타리로 둘러싸인(이상적인) 엄마, 아빠, 두 아이의 모델을 넘어선 현실적이고 생산적인 가정에 대한 관점을 가질 필요가 있다. 복합가정은 초혼 가정과는 다르지만 더 나은 것도 아니고, 더 나쁜 것도 아니며, 단순히 다른 것이다. 핵가족과 부정적으로 비교하기보다는 그들 나름대로의 규범을 사용한 평가와 함께 이해와 수용이 필요하다.

저자들은 이 책 전반에 걸친 정보를 통해 서로 보상 받을 수 있는 방식으로 복합가정 치료가 진행되는 틀이 만들어지기를 바란다.

효과적인 복합가정 치료
Effective Stepfamily Therapy

복합가정 치료에 관한 대규모 연구(Pasley 등, 1996)에서 응답자들이 그들의 치료에 가장 도움이 된 중재방법이라고 생각한 내용을 정리하여 보고하였다. 복합가족 치료 시 경험한 내용에 대한 267개 문항의 설문지를 사용한 연구였다. 비록 연구 대상 표본이 중류 및 중상류층이고 백인 가정이 대부분이지만 그들의 반응이 비슷하지 않은 다른 계층에 대해서도 타당성을 갖는 것으로 나타났다. 그러나 여러 가지 복합적인 문제가 있는 가정에 대해서는 보다 다양하고 장기적인 중재방법이 필요하다.

앞으로 제공되는 정보는 다음 질문에 대한 의뢰인들의 대답으로부터 나온 것이다

- 치료기간 동안 치료에 가장 도움이 된 세 가지는 무엇이었습니까?
- 치료와의 관련여부를 떠나 가정에 안정을 가져다 준 가장 중요한 요소 한가지는 무엇이었습니까?
- 치료 경험 중에서 도움되지 않는 것이 있었습니까? 있었다면 어떤 내용인지 이야기해주십시오.
- 왜 그것이 도움이 되지 않았다고 생각합니까?

응답자의 83%가 긍정적인 치료경험을 보고했다. 51%에서 치료의 부정적인 면을 보고했다. 상당수 가족들은 도움이 되는 치료자를 만나기 전에 이미 여러 치료자를 거쳤다. 치료자가 훌륭한 기법을 갖추고 있어야 함은 기본 조건이다. 복합가정의 어른들이 특히 유용했다고 보고한 특별한 중재 방법으로 다음의 네 가지를 들 수 있다.

1. 복합가정 역동 확인 및 정상화
2. 중요한 정신교육 제공
3. 무력감 감소시키기
4. 부부 관계 쌓기

복잡하게 얽힌 복합가정에서도 이러한 방법으로 쟁점들을 다루는 과정에서 다른 어려움을 해결할 수 있는 능력이 향상된다. 몇 가지 전형적인 예를 통해 이러한 주요 영역의 중요성을 알 수 있다. 5 장에서 이상의 치료기법과 열 두 가지의 또 다른 중재기법을 자세히 소개하고 치료사례를 제시할 것이다.

복합가정 역동 확인 및 정상화

이 연구는 가족 역동을 확인하고 정상화하는 것이 매우 중요하다는 것을 지적하고 있다. 긍정적인 상호작용을 통해 가족의 소중함을 확인할 수 있게 되며, 복합가정의 통합이 가능하다고 여기게 되면 지루한 과정 동안 작업을 계속할 수 있는 동기를 부여하게 된다.

치료자가 이해하고, 받아들이고, 초기의 어려움은 얼마든지 정상적임을 의뢰인에게 알려줌으로써 점점 더 편안해 질 수 있다. 불안이 줄고 자존감이 증가하면서 복합가정의 구성원들은 그 때부터 보다 더 효과적으로 자신들의 상황을 다룰 수 있게 된다. 강한 부정적 감정 반응 역시 예측이 가능하게 되면서 감소하고, 따라서 덜 위협적으로 느껴진다.

한 복합가정의 어른은 "복합가정에 대한 치료자들의 태도, 그들의 따뜻함과 진실한 돌봄이 가장 중요한 것이었다."라고 말했다. 어떤 이는 "모든 것이 자기 잘못은 아니라는 사실이 의붓엄마의 죄책감을 덜어주었다. 치료자는 그 사실을 분명하게 밝혀주었다."고 하였다. 또 다른 사람은 "치료자는 내 감정이 정당한 것이며, 그 감정들 때문에 내가 지독한 사람이 되는 것은 아니라고 말해주었다."고 기술하였다.

중요한 정신교육 제공

전형적으로 복합가정 부부는 예상치 못했던 상황과 감정에 의해 초기에 충격을 받는다. 스트레스를 밝혀내고 전망 있는 복합가정으로 이끌어 줄 수 있는 식견 있는 치료자를 만나게 되면서 금새 향상되는 경우가 종종 있다. "우리가 외롭지 않다는 것, 그리고 우리의 느낌과 어려움들이 정상이라는 것을 알게 되면서 얼마나 안심이 되는지 몰라요. 우리는 미친 게 아니라구요." 그들의 상황이 정상적임을 알게 해 주고 감정 반응을 확인하는 것은 강력한 치료 수단이다.

복합가정을 돕기 위한 책들이 여러 권 나와 있지만, 많은 사람들은 복합가정 그 자체에 대한 지식이 거의 없는 채로 치료실을 찾아온다. 복합가정이 나갈 길을 아는 것은 통합을 성공적으로 진행시키는데 필수적이다. 복합가정의 통합을 이루어 나가는 치료 과정은 상당한 시간을 요하므로 문제 발생 지점이 어딘지 알고 해결에 필요한 정보를 얻어내는 일이 매우 중요하다. 한 응답자는 "우리 가정의 치료에서 가장 중요한 세 가지는 교육, 교육, 그리고 교육이었다."라고 기술하기도 하였다.

이러한 관점에서 볼 때 효과적인 치료를 위해서 치료 초기에는 치료자가 초혼 가정을 대상으로 할 때보다 더 능동적이고 참여적이어야 하며, 복합가정의 문제와 역동에 관한 지식이 있어야 한다. 복합가정의 과제와 이러한 과제를 달성하기 위한 제안을 2 장에서 표로 정리하였다.

응답자들은 설문지에 자신의 치료자들이 언급한 특별한 내용 뿐 아니라 정신교육에 간접적으로 영향을 줄 수 있는 내용을 적었다.

"우리에겐 현실적인 기대가 있다."
"치료실은 편안한 의사소통 장소였고 우리는 각자의 위치에 대해 공감할 수 있었다."
"치료를 통해 내 남편은 새 아내가 자기 아이들만큼 남편의 아이들을 저절로 사랑할 수는 없음을 깨달았다."
"의붓부(모)가 한 걸음 물러서고, 남편이 자기 아이들을 맡을 수 있도록 도와 주었다. 복합가정에서의 원칙은 초혼 가정과는 다르다."

어른들과 아이들에게 만족스러운 또는 불만족스러운 결과를 이끌어 내는 것은 가정의 형태가 아니라 가족 구성원들의 관계라는 것이 연구를 통해 밝혀졌다(Pasley, 1987). 스트레스가 많은 복합가정의 상황을 확인하고 효과적인 해결로 이끌 수 있는 방법에 관한 정보를 제공함으로써 가정 내 혼란을 줄이고 가족 구성원들이 문제를 바로 잡을 수 있도록 도울 수 있다.

무력감을 줄이고 자발성 증가시키기

복합가정의 성인과 아이들 모두가 압도당하는 느낌과 무력감을 느끼는 경향이 있다. 아이 입장에서는 자신이 통제할 수 없는 삶이 자신을 조여 오는 듯한 변화를 경험한다. 어른들은 헤어진 배우자에 대해서도 압박감을 느끼고, 현재 다른 집에 살고 있는 아이들의 부모가 자신의 가족에 영향력을 갖고 있다는 사실에도 부담을 갖기 마련이다. 어른들은 종종 자신의 딜레마가 어떤 방식으로든 다른 가정이 변하면 해결된다고 믿는다. 이러한 변화가 일어나지 않거나 아이의 다른 가족을 통제할 수 없으면, 분노를 느끼면서 무력감이 커지고 자신들이 만들 수 있는 긍정적인 변화를 감지할 수 있는 능력도 감소되는 경향이 있다.

종종 비현실적인 기대감과 무력감에 짓눌려 비틀거리고 있는 새로운 부부에게 정신교육과 특별한 암시가 해결책이 될 수 있다. 교육과 암시를 통해 어떤 부분이 변할 수 있고 어떻게 진행될 것인가를 이해하도록 도와줄 수 있다. 또 다른 중요한 중재 방법은 그들이 조절할 수 없는 상황(예를 들면 아이들의 다른 가족)은 젖혀두고, 자신이 할 수 있는 한도 내에서 적극성을 갖도록 해 주는 것이다. 이로써 책임 소재가 분명해지고 가정 내 예측 가능성이 커지고 질서 유지가 가능해진다.

아이들이 나이와 감정 성숙도에 적합한 수준에서 자신의 삶을 조절할 수 있도록 어른들이 허락하는 것을 돕는다. 그리하여 빈둥거림, 자기에게 주어진 가족 구성원으로서의 책임 무시하기, 숙제 안하기와 같은 비생산적인 방법으로 자발성을 얻으려는 아이들의 요구를 감소시킬 수 있다. 하루하루의 삶을 정복한다는 느낌을 갖는 것은 아이들에게 매우 중요하며, 일반적으로 부모나 의붓부모가 이러한 자발성을 촉진시킬 수 있는 기회는 많다. 가정에서는 아이들에게 각각 매주 하루 저녁의 식사 메뉴 선택권을 줄 수도 있다. 의붓아버지가 사춘기 의붓아들에게 운전을 가르쳐 주고 필요할 때 차를 사용할 수 있도록 허락할 수 있다. 복합가정의 초기 수 년 동안 어떻게 해서 긍정적으로 바뀔 수 있었느냐고 물어보면, 젊은 성인들은 종종 어른들이 자신을 믿어주었던 사건들에 대하여 이야기한다. 신뢰 받는다는 것은 어떤 나이의 사람들에게도 자율성의 정도와 관련된다. 부부들은 다음과 같은 경우에 도움이 되었다고 이야기한다.

> "우리가 우리 가족구성원을 조절할 수 있다는 것을 배웠습니다."
> "의붓딸이 말하는 내용을 내 문제로 받아들일 필요가 없었어요."
> "우리는 중간자 입장에서 벗어나서 엄마에 대한 아이들의 불만을 엄마의 가정에서 아이들과 엄마가 함께 해결하도록 하는 것을 배웠습니다."

부부 관계 쌓기

가정에 안정감을 가져온 가장 중요한 요소 한 가지가 무엇이냐고 질문 받았을 때, 치료 연구에 참여한 성인 복합가정 응답자들은 하나같이 부부간의 유대감 향상이라고 답하였다. "우리는 이제 팀으로 작업할 수 있다", "가족시간과 부부시간의 균형을 잡는 것", "남편과 부인의 관계가 먼저 이루어지고 그러면서 우리는 팀으로써 일할 수 있게 된다", "남편은 내가 떠나는 것은 선택사항의 하나가 아님을 다른 가족들이 알게 하겠다고 약속했다."
재혼한 부모와 아이들은 아이의 출생 이후 존재해 온 부모자식 간의 동맹관계를 유지하면서도 새로운 복합가정을 이루었다. 이것은 보존해야 하는 강력하고 중요한 동맹관계이다. 그러나 그에 비해 함께 한 시간은 훨씬 짧았지만 이제 부부가 된 성인들은 가정단위를 강화시키는 작업을 통해 서로에게 책임을 더할 필요가 있다.

어떤 형태의 가정에서도 가정을 책임지는 것은 집안의 성인(들)이다. 그들이 함께 작업할 수 없다면, 가정의 원활한 기능이 위협 받는다. 치료 조사에 답한 많은 성인들은 치료 중에 서로를 이해하게 된 것과 치료자의 지지와 격려를 통해 서로에 대한 약속을 강화함으로써 결과적으로 전 가족 구성원의 기능이 향상되었다고 하였다.

효과적이지 못한 복합가정 치료
Ineffective Stepfamily Therapy

이 장의 앞부분에서 언급했듯이, 과반수 이상에서 응답자들은 그들의 과거 치료 경험이 도움이 되지 않았다고 하였으며, 많은 사람들이 그들에게 도움이 된 치료자를 만나기 전에 여러 치료자를 거쳤다고 하였다. 몇 명은 치료 경험이 전반적으로 부정적이었다고 응답했다. 어떤 의뢰인의 경우, 치료자가 따뜻해 보이지 않거나, 상담자로서 기술적이지 못했기 때문에 어려움이 발생했다고 하였다. 배우자(대개는 남편)가 치료에 참여하지 않는 것 때문에 문제가 발생한 경우도 있었다. 그러나 응답 내용의 거의 반 정도는 재혼 가정 치료에서만 있을 수 있는 특별한 것이었다. 즉, 치료자가 복합가정의 문제와 역동에 대한 지식이 없었다는 것이다. 응답은 분명하고 직접적이었다. 다음은 도움이 되지 않는 상호작용의 예이다.

"치료자는 우리가 핵가족처럼 느끼고 행동하기를 기대했어요. 그렇게 한다면 그건 거짓행동 일 뿐이죠."
"치료자는 우리를 자식이 있는 일반 가정처럼 대했어요. 그 분은 유대감 문제, 소외감, 가족충성심 문제에 대한 개념조차 없었어요."
"치료자는 친부모와 친자식이 사는 가정의 규율에 대해서 말해 주셨는

데 우리 집에서는 통하지 않는다구요."

"제가 의붓자녀를 사랑하지 않는다고 말씀 드렸는데도, 치료자는 제가 의붓자녀를 사랑한다고 믿고 있었어요. 상황 파악을 전혀 못하신 거죠."

여러 치료자를 만났던 것에 관한 진술 중에서, 몇몇 가족은 다음처럼 비슷하게 말했다. "우리는 복합가정에 관해 모든 것을 알고 있는 한 사람을 만나기까지 오 년 동안 세 명의 치료자를 거쳤답니다. 우리 상황은 계속 나빠졌어요. 무엇이 잘못 되었고, 왜 도움을 받을 수 없는지 이해할 수가 없었습니다."

복합가정 치료에서 역동 확인과 정상화, 정신교육이 매우 중요하고, 아직까지도 이러한 형태의 가정에 대한 정보를 포함한 치료 수련 프로그램이 거의 없다는 것을 알 수 있다. 다행스럽게도, 이제 이러한 현실에 눈을 뜨고 있다. 복합가정에 대한 지식이 없는 치료자가 가족 구성원들이 새로운 복합가정을 성공적으로 건설할 수 있도록 돕는 것은 무리이다.

다음 장에서는 재혼 가정과 초혼 가정 간의 차이점을 밝히고, 정상적인 반응이라고 알고 있는 지식의 윤곽을 그려보고, 중요하고 기본적인 복합가정 정보를 제공하며, 치료적인 제안과 전략을 제공할 것이다. 이러한 주제에 대한 보다 구체적인 참고 자료는 책 뒤에 실린 참고문헌 및 자료모음에 나와 있다.

2

복합가정의
통합

애 딸린 어른이 재혼하는 데 가장 큰 문제가 무엇이냐는 질문을 종종 받는다. 가정이 빠르게 수습되고 안정될 것이라고 생각하는 어른들의 비현실적인 기대가 바로 그 답이다. "학교에서 좋은 친구 사귀는 데도 오래 걸리는데요."라는 열 여섯 살 짜리 아이의 말이 어른들의 생각보다 더 현실적이다.

인간 관계는 하루 아침에 이루어지지 않는다. 기대하는 바가 다르고 일 처리 방식이 각기 다르므로 통합에는 상당한 시간이 필요하다. 물론 그 과정에 들어서는 가족 구성원들의 과거는 각각의 복합가정이 겪을 과정의 특성에 영향을 미칠 것이다. 어린 아이들은 십대들에 비해 어른에게 더 의존적이며, 가족들이 어떻게 해야 하는지를 미리 생각하는 것도 쉽지 않다. 부모의 자존심과 아이들과의 안정된 관계는 아이들이 새로 만나게 될 다른 가정을 대하는 능력에 영향을 미친다. 이전 가정에서의 경험은 새 가정의 성공적인 통합을 촉진시키거나 지연시키는 데 상당한 영향을 미친다.

그러나, 이러한 개인적 특성과 상관없이 미국이나 세계의 유사한 문화권 내 복합가정의 통합 과정은 초혼 가정과는 다른 중요한 가정 구조 특성을 가지고 시작된다. 이런 구조적 특성 때문에 다뤄야 할 특별한 과제가 발생하고, 강렬하고 복잡한 감정적 문제도 포함된다. 이런 요소들 때문에 초기의 어려움이 유발될 수 있으며, 왜 복합가정의 통합이 길고도 스트레스를 받는 과정인지를 설명해준다.

복합가정 구조의 기본적 차이
Basic Differences in Stepfamily Structure

　　미국 내 재혼 가정과 초혼 가정의 구조적 특성 상 기본적인 차이점은 일곱 가지 정도가 있다. 처음 다섯 가지는 미국과 다른 나라의 복합가정에도 해당되지만, 마지막 두 가지는 각 나라의 사회관습과 법에 따라 다르다(Visher와 Visher, 1979). 이런 특성을 잘 인식한다면 치료자와 가족 구성원은 가정에서 일어날 수 있는 감정과 상황을 이해할 수 있을 것이다. 치료자는 종종 이런 차이에 대해 가족에게 주의를 줄 필요가 있다. 한 의붓아버지는 치료자의 설명을 듣고 나서 "저도 항상 그 사실을 알고는 있었지만, 선생님께서 이야기해 주시기 전까지는 제대로 알고 있는 게 아니었다는 것을 깨달았습니다."라고 하였다.

1. 많은 상실과 변화 후에 새 가정이 탄생한다.

　　어떤 결혼이든 익숙한 삶의 양식은 변하고 상실이 발생한다. 재혼이나 이혼의 경우 상실과 변화는 더 커진다. 아이들은 더 이상 부모 모두와 늘 함께 살 수는 없다. 어른 뿐 아니라 아이들도 가족 모두에게 익숙한 패턴 대신, 생소한 음식, 규칙, 일 처리 방식을 접하게 될 것이고 새로운 주거지, 학교, 이웃을 만나게 될 것이다. 재혼의 경우 변화는 더 커지게 된다. 아이들은 이러한 변화를 단순히 부(모)와의 단절 뿐 아니라 가족 전부를 잃는 것으로 느낄 수도 있다.

아이들에게 매우 중요한 또 다른 상실은 재혼한 부(모)가 관심을 거둔다는 것이다. 아이들의 상실에 대한 토론을 경청하면서 한 엄마는 "나는 이혼 후 삼 년 동안 딸과 살았어요. 일을 마치고 집에 오면 누군가와 대화하고 싶어서 딸과 이야기를 했어요. 지금은 재혼을 했고 밤에 귀가하면 남편과 대화를 해요."라며 자신의 예를 들었다. 이런 사실을 깨닫고 난 뒤 그녀는 귀가 후 딸과 이야기 하는 것을 일과 중의 하나로 계획하였다.

부모는 재혼 후 아이들이 겪는 상실보다는 이득을 더 많이 인식하는 경향이 있다. 아이들이 의붓형제자매와 방을 같이 써야 한다거나 가정에서 첫 째로서 갖던 위치의 상실, 재혼하기 전 편부(모)를 돕던 역할의 상실과 같은 사실에 대해 어른들이 이해하도록 돕는 것이 중요하다. 부모가 더 많이 이해할 수록 아이들과의 대화가 늘고 공감도 커진다. 어른과 아이들 모두 자신의 상실을 알아야 하며, 과거를 흘려 보내야 현 가정에서 얻는 이득을 온전히 수용하고 누릴 수 있다.

2. 어른과 아이들 모두 조화롭지 못한 개인, 결혼, 가정 생활 주기를 시작한다.

초혼에서 두 성인은 동시에 부부가 되고 동시에 부모가 된다. 어른, 아이 모두 현저하게 다른 결혼 생활과 가정 경험을 하다가 합쳐진 복합가정에서는 이런 과정이 전혀 다르다. 세 아이의 아버지인 한 남자가 아이를 가져본 적이 없는 여자와 결혼할 수 있다. 그는 기저귀 갈기, 교사 – 부모 만남에 참석하기 등과 같은 생활 주기로 다시 돌아갈 마음이 없을 수 있다. 그러나 동시에 여자는 아이 가지기를 희망할 수 있다. 또 다른 흔한 시나리오는 나이든 남자가 젊은 여자와 결혼한 후, 여자가 직업을 즐기기 시작하고 계속 일하기를 바라는 반면 남자는 은퇴를 하게 될 때 만나는 어려움이다. 이러한 난국은 종종 치료를 필요로 한다.

3. 아이와 어른 모두 이전 가정에서 얻은 기대를 가지고 온다.

초혼 때, 두 성인의 행동 양식과 가치관은 각자의 집안으로부터 습득한 것이다. 아이들은 가정에서 태어나 자라면서 무의식 중에 집안의 가치관과 습관을 몸에 익힌다. 복합가정에서는 성인 뿐만 아니라 아이들도 원래 가정, 이전 결혼, 편부(모) 가정에서의 행동 방식과 가치관을 가지고 온다. 새로운 가정에서의 많은 변화에 대해 가족 구성원 간에 의견 일치를 보기 위해서는 토론을 하고 조정할 필요가 있다.

안타깝게도 행동 방식이 다르면 종종 잘못된 것으로 느끼고 논쟁이 생긴다. 다르다는 것은 풍요와 선택을 제공하며 옳거나 그른 것이 아님을 각 개인이 이해하도록 도와줄 필요가 있다. 그럼으로써 그들이 차이점을 생산적으로 의논하고 가족을 위해 필요한 선택을 하도록 한다. 한 가정의 예를 들어 보자. 가족이 되어 처음 맞는 크리스마스 때 크리스마스 트리를 사서 한쪽 면은 남편과 그의 아이들이 익숙한 방법대로 하얀 솜과 작은 전구, 다양한 색의 장식품으로 꾸미고, 부인과 그녀의 아이들은 녹색의 큰 전구와 아이들이 여러 해 동안 만들었던 장식품과 팝콘 모양 끈으로 다른 한 쪽 면을 꾸미는 것으로 해결하였다.

때때로 이전의 전통이 혼합되거나 모두가 가장 원하는 방식을 선택할 수도 있다. 또 한편으로는 새로운 전통과 행동 양식이 새 가정의 새 패턴이 된다. 모든 가정이 그렇듯이, 아이들이 자라고 가족이 발전하면서 서로 다른 관심사와 요구를 조절할 수 있는 유연성이 필요하다.

4. 부모 자식 관계가 새로운 부부 관계보다 먼저 형성된다.

아이가 태어나기 전에 부부가 인연을 맺고 결합하는 원래의 결혼과는 반대이다. 복합가정에서 재혼한 부모는 이미 자기 아이들과의 결속, 경험, 동맹이 있는 상태에서 가정을 이룬다. 정말 낯선 이가 갑자기 한 지붕 아래 함께 살게 된다.

재혼은 이전의 법적, 감정적 관계를 다루어야 하므로 초혼보다 더 복잡하다. 성인이 이전 관계에서 아이가 있는 경우 복잡한 문제가 많이 일어난다. 단지 복합가정만을 고려해 보면, 재혼한 부모가 종종 아이들과 배우자의 소망을 들어주려고 시도할 때 충성심 갈등을 크게 경험한다. 이것은 어려운 과제이다. 의붓부모가

가정 내 긴장의 원인이라고 생각되고 자세히 검증 받는 모든 경우에서 가정 내 재혼 부(모) 역할의 중요성은 간과되기 일쑤다.

체계적인 시각으로 복합가정의 역동을 보는 것이 중요하다. 복합가정의 성공 여부는 의붓 부모에게 달려 있는 것처럼 보인다. 다른 유형의 가족에서는 심하게 감정이 흐트러지고 화가 난 구성원이 가족 기능에 해로운 영향력을 끼칠 수 있다. 복합가정도 이런 관점에서는 전혀 다르지 않다. 그러나 재혼 가정에서는 가족 기능의 가장 중요한 요소인 가족변화를 받아들이는 것이 항상 어른들의 인간관계와 상호작용에 달려있으며, 아이들이 선뜻 받아들여주느냐에 따라서도 달라진다.

다음 장에서 복합가정 기능을 강화시키는 부모와 의붓부모의 예를 들고 있다.

5. 다른 가정 또는 기억 속에 생물학적 부(모)가 존재한다.

아이들은 대개 부모 중 한 명이 사망한 경우일지라도 생물학적 부모 각자와 강한 감정적 유대를 맺고 있다. 가정 안팎의 어른들은 종종 아이의 삶에 부모 역할 인물이 둘 이상인 것을 받아들이기가 어렵고, 아이들은 종종 서너 명의 어른들 중에 선택을 할 것으로 기대된다. 연구와 임상 관찰을 통해 이렇듯 불행한 상황이 이혼과 재혼 후의 아이들에게 적응 과정의 어려움을 지속시키는 주된 원인임을 알 수 있다. 반면에 아이들 삶에서 부모 역할을 하는 모든 성인들과 좋은 관계를 형성하도록 허락하고 북돋아 준다면, 아이들의 충성심 갈등이 놀라울 만큼 줄어들고 아이들이 중요한 성인과의 관계를 더 많이 접할 수 있다.

불행하게도 사회에서는 이혼의 개념을 비적대적으로 수용할 수 있도록 하기 위해서는 꽤 많은 시간이 필요하다(Aydintug, 1995). 아이의 삶에 둘 이상의 부모 역할 인물이 존재함을 받아 들이는 것은 사회적으로 쉬운 일이 아니며, 부모가 아이들의 애 정을 잃는 것에 대해 불안해 하고 걱정하는 것은 전 배우자들 간 분노를 지속시키는 중요한 요인 중 하나이다. 그렇더라도 많은 이전 배우자들은 아이들을 양육할 때 경쟁하기 보다는 서로 돕 기 시작한다. 치료자는 부모가 아이들에게 얼마나 중요한지, 계 속되는 경쟁과 분노가 그들과 관련된 모두를 얼마나 파괴시킬 수 있는지 이해하도록 도울 수 있다. 열 살 난 아이가 치료자에 게 말하기를 " 나는 의붓엄마가 좋은 엄마가 되는 건 싫어요. 친 엄마가 좋은 엄마이길 바래요." 항상 그럴 수는 없겠지만 이 말 은 아이에게 부모가 중요함을 보여준다.

많은 아이들은 엄마 집과 아빠 집 두 군데 모두에서 생활한다. 각 가정은 사생활의 경계를 가질 필요가 하지만, 이들 가정은 아 이들을 통해 연결 된다. Weston(1993)은 "아이들이 지나다닐 수 있도록 각 가정의 울타리에 문이 있어야 한다."고 표현했다. 이런 식으로 아이들은 양쪽 부모와 계속 만날 수 있다. 아이들에 게 의붓부(모)가 생겼다고 친부(모)를 포기하도록 강요하지는 않 는다. 다른 부(모)에게 다가가지 못하면 아이들은 그 부(모)에 대 해 어떤 의붓부(모)도 따라 잡을 수 없는 비현실적인 긍정적인 환상을 갖게 되는 경향이 있다.

많은 재혼 부모는 이러한 부분에 대한 정보와 교육을 필요로 한다. 또한 재혼한 부(모)가 이전 배우자와의 관계를 유지하는 것이 아이 양육에 대한 관심보다는 부적절한 관계를 지속하려는 소망과 관련 된다면 적절한 경계를 유지하기 위한 치료적 도움이 필요할 수 있다. 만약 실제로 아이의 두 가족 사이에 심리적 경계가 충분하지 않다면 친부모가 다시 합칠 거라고 꿈을 꾸는 아이들 입장에서는 이러한 환상이 더 커질 수 있다.

저자들은 부모 외에 부모 역할을 하는 사람들도 아이들에게 감정적 지지를 더 제공할 수 있다고 믿는다. 시간이 지나면서 아이들이 살고 있는 두 가정의 부모와 의붓부모의 "부모 역할 제휴"가 형성되면 아이들 뿐 아니라 어른에게도 유익하다. 이에 대해서는 3, 4장에서 더 논의할 예정이다.

6. 아이들은 종종 두 가정의 구성원이 된다.

이혼 및 재혼 후에 아이들이 친부모 양 쪽과 일정한 접촉을 한다면 아이들의 적응과 미래의 안녕이 더 나아지는 경향이 있다는 보고가 늘고 있다(Hetherington, Stanley-Hagan, Anderson, 1989). 이러한 접촉은 최종적으로 의붓자녀 의붓부모 관계가 발달할 가능성을 감소시키기 보다는 증가시킨다. 이 책 뒷부분의 참고 목록에 부모와 의붓부모가 복합가정 생활의 이러한 측면을 다루는 데 도움이 될 수 있는 훌륭한 참고 서적들을 첨가하였다.

7. 의붓부모와 의붓자녀 간 법적인 관계는 전혀 또는 거의 없다.

가족법은 가정 생활의 급격한 변화를 따라오지 못했다. 바람직한 의붓자녀 의붓부모 관계를 위한 법적 지지의 중요성을 인식하기 시작한 몇 안 되는 미국의 주에서도 의붓부모는 단지 최소한의 권리를 가질 뿐이다(Fine, 1992a). 불행히도 사회, 문화적 편견 때문에 생물학적 부(모)의 사망이나 이혼 후에 아이들에게 불필요한 관계의 상실들을 겪게 함으로써 재혼 가정의 많은 구성원들의 삶에 매우 부정적인 영향을 끼친다. 향후 의붓부모와 복합가정에 희망적인 신호 중 하나는 초혼 가정과는 다른 요구를 인식하고 연구하는 측면에 대한 가정 변호사들의 관심과 흥미가 커져 가는 것이다.

때때로 재혼한 부모와 의붓부모는 의붓부모가 아이들의 법적 입양을 고려한다. 이런 대안이 잘 해결되는 가정도 있지만 이러한 결정은 아이들에게 중요한 단절을 의미하므로 신중한 주의를 요한다. 입양하려는 의붓부모와 동성인 부모와의 관계는 입양으로 인해 끊길 수 있으며 이는 아이에게 심각한 손실일 수 있다.

다음의 예는 이 문제의 복잡성을 나타낸다.

케빈이 일곱 살 때 부모가 이혼했다. 아버지는 일년 반 뒤 재혼했고, 어머니는 그 뒤로 반 년 후에 재혼했다. 케빈은 대부분 어머니와 의붓 아버지와 지냈지만 매달 4–5일은 아버지와 의붓 어머니를 볼 수 있었다. 케빈의 엄마는 새 남편이 케빈을 입양하기를 원했고 서로의 입장을 듣기 위해 공판이 열렸다. 열 살이 된 케빈과 함께 양쪽 부모 모두 법정에 섰다. 판사는 케빈에게 입양을 원하는지 물었고 케빈은 그렇다라고 대답했다. 친아버지도 동의를 하여 입양이 이루어졌다.

24년이 지나서 케빈은 두 번째 아내와 함께 복합가정 통합의 어려움 때문에 치료를 찾았다. 가정의 혼돈이 사라지고 부부 간 친밀함의 문제가 해결되었을 때 케빈은 개인치료를 몇 달 더 받기를 원했다. 이 치료 기간 동안 가장 중요하고 감동적인 시간들은 그의 입양에 관한 것이었다.

입양 후 케빈은 아버지와 못 만났고 여전히 지속되는 감정은 가슴에 묻었다. 그는 종종 자신이 우울하다는 것을 알았다. 치료 중에 케빈은 열 살 때 법정에 섰던 일을 기억하고 말하기 시작했다. 그는 아버지와 의붓어머니가 자신과 함께 있고 싶어하는지 확신할 수 없었고 판사의 질문에 "싫어요"라고 대답해서 어머니를 화나게 만든다면 어머니와 의붓아버지가 더 이상 자신을 원하지 않을까봐 두려웠다고 말했다. 그래서 케빈은 판사에게 "예, 저는 의붓아버지가 저를 입양하기를 바래요."라고 대답했다.

케빈이 울기 시작했을 때 치료자는 "아버지가 어떻게 하기를 바랬나요?"라고 물었다. 케빈은 울면서 "'아니오'라고 대답하길 바랬어요."라고 말했다. 그는 애도 반응을 겪은 뒤 아버지를 찾아 다시 만나 보겠다는 결심을 했다.

종종, 의붓부모는 "핵가족"을 만들려는 동기에서 입양을 계획한다. 이러한 시도는 아이의 원래 가족을 부정하고 그들에게서 과거와의 연결을 단절시키는 것이다. 또 다른 동기는 아이에게 다른 가족과 같은 성을 부여하기 위한 것이다. 이러한 목적은 때로 친부모 간 심각한 분쟁의 원인이 될 수 있지만 입양 없이 비공식적으로 이루어질 수 있다. 분명 입양은 매우 신중을 요하는 중요한 문제이다.

복합가정 구조에서 기인하는 통합 과제

Integration Tasks Resulting from Stepfamily Structure

모든 가정은 어른이 만족을 찾고 아이는 행복하고 생산적인 어른으로 성장할 수 있는 환경을 제공할 과제를 갖는다. 방금 논의된 복합가정의 구조적 특성 때문에 만족스러운 가정의 통합을 위해 이루어야 하는 많은 특별 과제들이 있다. 재혼 구조와 관련된 과제들은 다음과 같다.

1. 상실과 변화 다루기
2. 서로 다른 발달 상의 요구에 대한 절충
3. 새로운 전통 세우기
4. 견고한 부부 관계 확립하기
5. 새로운 관계 만들기
6. 부모 역할 제휴 형성하기
7. 가족 구성의 지속적인 변동 내용 수용하기
8. 사회적 지지가 거의 없음에도 불구하고 참여 시도하기

임상 관찰, 최근 경험적 연구, 복합가정 구성원들의 경험으로부터 이러한 과제의 수행을 위한 많은 지침을 얻을 수 있다. 도표2.1(43~49쪽)에 과제를 제시하고 수행하는 전략을 열거하였

다. 복합가정의 어른과 치료자가 이러한 목표를 향한 작업 과정 중 중요하다고 알려진 방식을 배우고 도전을 이해하는데 유용하다. 1장에서 언급하였듯이, 내담자는 가족 내 도전을 어떻게 다루는지에 대한 특별한 정보를 얻고 싶어한다. 내담자와 이러한 개요를 공유하고, 개요에서 언급된 특정 단계에 대해 논의하는 것은 매우 효과적이다. 자세한 내용을 원하는 가족 구성원들은 책 끝에 있는 참고 도서 중 'Stepfamilies Stepping Ahead'를 참고하면 도움이 된다.

성공한 복합가정은 이러한 특정 복합가정의 목표를 달성하는데 있어 만족스러운 경과를 보였다(Visher와 Visher, 1990, Kelley, 1995). 제안 내용 중 상당 부분은 별다른 논의가 필요 없으나, 그 외 다른 것들은 이 책 전반에 걸쳐 다루고 있다. 훈육의 문제, 의붓부모의 역할, 양육 협동 체제를 발달시키는 것과 같은 문제들은 다음 장에서 다룰 것이다. 치료자를 위한 부가적인 정보는 'Old Loyalties, New Ties : Therapeutic Strategies With Stepfamilies' (Visher와 Visher, 1988)에도 실려있다.

도표2.1 복합가정의 과제를 달성하기 위한 지침

복합가정의 "기본"은 새로운 가정의 정체성을 확립하는 것이다. 그렇게 하기 위해서는 먼저 달성해야 할 (초혼 가정과 복합가정 간의 차이에 기반을 둔) 수 많은 과제들이 있다. 각각의 과제를 이루는데 유용한 전략 몇 가지를 제안한다. 어떤 과제는 너무 어려워서 당장 모든 것을 이뤄내기가 불가능할 수도 있다.

과제 1. 상실과 변화 다루기

이전의 상황과 관계로부터 떠나는 것을 포함한 모든 변화 때문에 가정 내 각 개인이 상실을 겪는다는 것을 기억하는 것이 도움이 된다. 보통 아이들은 이전의 가족 양식을 유지하고 싶어하고 그러한 방식이 무시되는데 대해 울고 슬픔을 느끼기 보다는 화를 내며 행동화하는 경우가 종종 있다. 독서, 변화에 점진적으로 노출시키기, 슬픔에 관하여 이야기하도록 돕기 등을 통해 어른과 아이들이 과거와 작별하고 새 가족 단위의 이득을 인정하기 시작할 수 있도록 해준다.

전략
· 개개인 모두의 상실을 인식하고 확인한다.
· 슬픔의 표현을 지지한다.
· 아이들이 행동화하는 대신에 느낌을 말하도록 돕는다.
· 복합가정을 다룬 책을 읽는다.
· 서서히 변화하도록 한다.
· 모두가 변화를 겪는다는 것을 인식한다.
· 아이들에게 그들을 포함한 계획을 알려준다.
· 변화가 주는 불안정성을 수용한다.

과제 2. 서로 다른 발달 상의 요구에 대한 절충

재혼 시 어른과 아이들은 자신들의 삶에서 서로 다른 입장에 서 있다. 한 배우자는 결혼 경험이 있을 수 있고 다른 배우자는 초혼일 수 있다. 한 사람은 부모였고 다른 한 사람은 아직까지 아이가 없을 수 있다. 둘 다 아이들이 있을 수 있지만 특정 연령대 아이의 특성을 잊었을 수도 있고 익숙하지 않을 수도 있다. 아이들이 새로운 가족 단위를 이루는데 참여하기 보다는 친구들과 지내기를 원하는 시기에 도달한 청소년일 수도 있다. 이러한 차이로 인해 보통 각자의 요

44

구 중 일부는 서로 맞추기가 쉽지 않을 것이다. 따라서, 상당한 융통성과 인내가 필요하며, 가능한 많은 요구를 충족시킬 최선의 방법을 찾기 위해 이러한 차이에 대해 대화해야 한다.

전략
- 아동 발달 또는 양육에 관한 강좌를 듣는다.
- 어른과 아이들의 인생주기 단계가 다를 수 있음을 인정한다.
- 개인적 요구에 대하여 확실하게 의견을 나눈다.
- 공존이 어려운 요구는 타협한다.
- 참을성과 융통성을 기른다.

과제 3. 새로운 전통 세우기

아이들과 어른들은 서로 입맛이 다르고 특정한 활동 양식으로 살아왔으며, 수많은 점에서 처러 방식도 다르다. 당신의 방식이 옳고 다른 방식은 틀렸다고 느끼지 않기란 쉽지 않다. 대신, 모든 가족 구성원들이 휴일과 생일을 어떻게 보냈는지, 각자 좋아하는 음식은 무엇인지, 일상적인 사건들을 어떻게 다루었는지에 대한 정보를 비교한다.

현재 식구들은 집안 일이 어떻게 풀려가기를 바라는가? 어떤 일을 처리함에 있어 서로 달랐던 방식을 통합하기 위해 노력하며(추수감사절 요리로 칠면조와 햄을 모두 선택하기), 서로 돌아가며 원하는 것을 할 수 있도록 양보하고(일요일에 한 번은 가족과 드라이브를 하고, 다음 일요일은 모노폴리 놀이), 새 가정 고유의 새 전통을 세워나가도록 노력한다.

부부는 집안의 규칙을 함께 결정할 필요가 있다. 가능하면 아이들도 결정 과정에 참여한다. 의붓부모는 집안의 규칙이 지켜지는지 알아보려고 하기 전에 의붓자녀들과 우호적인 관계를 형성해야 한다.

아이들의 부(모)는 처음부터 한계 설정을 잘 해야 한다.

전략
· 옳고 그름이 아니라 방식이 다르다는 것을 인식한다.
· 중요한 상황에만 집중한다.
· 의붓부모는 훈육을 서서히 진행한다.
· 문제 해결과 칭찬을 위해 "가족 회의"를 소집한다.
· "기정 사실들"은 언제든 가능한 때에 서서히 바꾼다.
· 적절한 의식(행사)을 유지하고 병합한다.
· 새롭고 창조적인 전통으로 채워나간다.

과제 4. 견고한 부부 결속 이루기

어른들이 집안을 순조롭게 운영하기 위해 너무 많은 힘과 시간을 들여서 최선을 다하다 보면, 정작 부부로서 즐거움과 여유를 누리고자 하는 자신들의 요구를 살피는 데 소홀하기 쉽다. 보통 어른들은 자신들을 위한 시간을 만들기 위해 열심히 계획을 짠다. 부부로서의 자신들을 즐기고 발전시키는 것은 당사자들뿐만 아니라 아이들을 위해서도 중요하다. 물론 처음에는 아이들이 싫어할 수도 있다. 아이들에게 가정의 안정을 제공하기 위한 강력한 지침이 필요하고, 자녀들이 성숙하여 집을 떠났을 때 스스로 성공적인 부부 관계를 세워 갈 수 있는 기술을 가질 수 있도록 함께 지내는 방법을 가르쳐야 한다.

전략
· 장기적 관점에서 볼 때 부부 관계를 우선적으로 고려한다.
· 부부 관계에 영양을 공급한다.
· "부부끼리만 있는 시간"을 계획한다.
· 부부로서 일반적인 가정의 규칙을 결정한다.
· 아이들과 함께 서로를 지지해 준다.

· 부(모), 의붓부(모) 자녀 간 감정이 다르다는 것을 예상하고 인정한다.
· 돈 문제는 함께 해결한다.

과제 5. 새로운 관계 만들기

좋은 관계란 함께 행복하고 만족스러운 시간을 많이 공유한 결과이기 때문에 일반적으로 각 개인 간 결합이 생기기까지는 상당한 시간이 필요하다. 서로에 대해 배우고 함께 일을 하면 이러한 과정을 촉진시킬 수 있다. 쉬운 일은 아니겠지만 의붓부(모)와 의붓자녀가 함께 할 기회를 가질 수 있도록 부(모)는 한 발짝 뒤로 물러나 있어야 할 때도 있다. 이는 새로운 관계를 세우기 위해 할 수 있는 가장 좋은 방법 중 하나로, 가정 내 사람들이 한 가족으로 느끼기 시작하는데 도움이 된다. 특히 큰 아이들의 경우, 때로는 돌봐주면서 형성되는 연대감이 생기지 않을 수도 있다. 그러나 의붓부(모)는 의붓자녀와 따뜻한 관계로 발전할 수는 없더라도 공정하게 대할 수 있다.

전략
· 과거 삶의 빈자리를 채운다.
· 부(모)와 자녀가 일대일로 만나는 시간을 만든다.
· 의붓부(모)와 의붓자(녀)가 일 대 일로 만나는 시간을 만든다.
· 부(모)는 의붓부(모)와 의붓자(녀) 관계를 위한 자리를 마련해준다.
· "즉각적인 사랑"과 적응을 기대하지 않는다.
· 의붓자녀를 돌보지 않더라도 공정하게 대한다.
· 의붓부(모)를 어떻게 호명하는지는 아이들이 이끄는 대로 따른다.
· 다 같이 재미있는 일을 해본다.

과제 6. "부(모) 역할 제휴" 형성하기

아이들을 기르는데 관련된 어른들이 서로 예의 바른 관계를 형성해 가는 것은 어른들끼리는 접촉이 거의 없을지라도 모두에게 유익하다. 사업상 관계처럼 중립 관계를 갖게 되면 아이들이 부모와 의붓부모 모두를 받아들일 수 있을지에 대한 어른들의 두려움이 감소한다. 이전의 결혼 관계가 끝났다 하더라도 부모 자식 관계는 계속된다. 이혼한 부모끼리 자주 만나지 못하더라도 효과적인 의사소통이 이루어진다면 아이들은 더욱 사랑 받는다고 느끼고 자존심을 높일 수 있다.

전략
· 다른 가정에서 양육을 맡은 어른들을 직접 대한다.
· 부모는 아이들이 중간에서 어정쩡한 입장이 되지 않도록 해준다.
· 다른 한 가정의 부(모)에 대해 부정적으로 말하지 않는다.
· 무엇을 할 것인지 조절하고 한계를 수용한다.
· 두 집 사이의 힘겨루기를 피한다.
· 이전 배우자의 양육 기술을 존중한다.
· 아이들을 '특별하게' 대해준다.
· 가장 효과적인 방식으로 집안끼리 교류한다.

과제 7. 가족 구성에서의 지속적인 변동 수용하기

아이들이 오고 가는 것에 익숙해지는 데는 어느 정도 시간이 걸린다. 잠시 뒤에는 그러한 변화를 "정상"으로 느낄 수 있다. 같이 살지 않는 아이들과 지낼 시간을 위해서 특별한 행사를 연기하거나 모아두지 않는다. 만약 그런다면, "같이 사는" 아이들은 "같이 살지 않는" 아이들이 더 사랑 받고 특별 대우를 받는다고 느낄 수도 있기 때문이다. 이러한 변화는 가정의 일상을 흔들 수 있는 반면, 어른들이 양육의 책임성을 잠시 벗는 것을 의미하기도 한다.

전략
· 아이들이 (새) 가정을 즐길 수 있도록 허용한다.

- 아이들에게 두 집을 오가면서 적응할 시간을 준다.
- 아이들에게 "전달자"나 "첩자" 역할을 요구하지 않는다.
- 거주지를 바꾸고 싶은 십대의 진지한 욕구를 고려한다.
- 모든 가정의 사생활(경계)을 존중한다.
- 자신의 가정에만 영향을 끼치는 결과를 설정한다.
- 같이 살지 않는 아이들에게 개별 공간을 제공한다.
- 다양한 가족 모임을 위한 특별 시간표를 계획한다.

과제 8. 사회적 지지가 거의 없음에도 불구하고 참여를 시도하기

법적인 입지는 없지만 의붓부(모)와 의붓자(녀) 관계는 서로에게 많은 보상을 줄 수 있다. 아이들은 더 많은 어른들이 자신들을 돌보는 데서 이득을 얻고, 의붓부모는 아이들의 삶에 기여한다는 만족을 얻는다. 복합가정이 이혼이나 한 부(모)의 사망으로 와해되더라도 의붓 부모가 이러한 관계를 적극적으로 유지하려는 것은 중요하다.

전략
- 의붓부모가 학교, 종교, 운동, 그 외의 활동에 참여하도록 한다.
- 필요하다면 의붓부모의 행위에 법적인 허용을 보장한다.
- 일단 연대감이 생겨나면 사망이나 이혼 후에도 의붓부(모)와 의붓자(녀) 관계를 지속한다.
- 의붓부(모)가 의붓자(녀)의 활동에 스스로 참여한다.
- 복합가정에 지지적인 집단을 찾는다.
- 모든 관계가 위험을 안고 있음을 기억한다.

복합가정 구조가 기본적인 감정적 요구에 미치는 영향

일반적으로 새로이 형성된 복합가정의 아이들과 어른들은

강한, 때로는 고통스러운 감정을 경험한다.

감정적 고통과 스트레스의 정도를 이해하는 한 가지 방법은 재혼 가정의 구조적 특성 때문에 초기에 박탈될 수 있는 세 가지 매우 중요하고 기본적이며 보편적인 인간의 요구를 점검해 보는 것이다.

1. 집단에 속하고자 하는 요구
2. 소수의 특별한 사람에게 보호 받고 인정 받고 사랑을 받으며 안정된 애착을 가지고 싶은 요구
3. 자신의 삶에서 개인적인 통제와 자율성에 대한 요구

이런 요구를 만족시키는 방식이 문화권에 따라 각각 다르기는 하지만 이런 요구는 사람이면 누구나 원하는 것이다 (Bohannan, 1993). 미국에서는 사랑과 돌봄, 속함, 자율성 또는 개인의 힘의 중요성에 대한 많은 예를 들 수 있다. 즉, 사람들의 소속에 대한 열망을 만족시켜주는 집단, 컬트, 방식, 수많은 책의 주제인 사랑과 돌봄, 독자들에게 힘을 주고 스스로의 삶에 대한 통제력을 획득할 수 있는 방법들을 다룬 심리학에 기반을 둔 수많은 저서들이 좋은 예가 된다. 이러한 요구들은 대단히 강력하며, 그와 상반된 소외, 무력감, 거절, 사랑의 상실은 깊은 아픔과 고통을 유발한다.

불행히도, 재혼 가정의 구조 상 애초부터 이러한 기본적 요구의 만족은 실질적으로 불가능하다. 복합가정의 구성원들은 많은 상실과 변화를 경험하고 다양한 정도의 낯선 감정을 느끼고, 낯선 환경에서 생소한 사람들과 살아가면서 발생하는 통제의 부족을 느낀다. 새로운 복합가정에서는 낯선 사람들끼리 한 지붕 아

래 함께 모이게 되고 같이 살아가려고 노력할 것이다. 가끔 우연히 개개인이 이전에 서로 알던 관계라 하더라도, 실제로 함께 살아가는 것은 친밀한 상호작용과 시간, 관심과 공간의 공유가 더 많이 필요하기 때문에 어렵기 마련이다. 운동장에서 놀 때나 방과 후에 가장 친한 친구였던 아이들이 어느 날 갑자기 방을 같이 쓰고 부모의 관심도 나누어 갖고 욕실도 나눠 쓰는 자신들을 발견한다. 어른들은 집안에서 친숙해 보이는 것이 아무것도 없음을 재빠르게 발견한다. 다른 사람들은 고기와 감자를 먹고 싶어하는 반면, 한 사람은 냉장고에서 두부를 찾는다. 좋은 텔레비전은 어디에 둘까? 침실에, 아니면 거실에? 각기 다른 주인이 데리고 온 개와 고양이는 서로 낯이 설고, 마당에서 영역 다툼으로 싸움이 그치질 않는다. 매일 드러나는 많은 사소한 차이가 외부인에게는 중요하게 보이지 않을 수 있다. 그러나 이러한 차이가 조정되고 시간이 흘러 친숙함으로 이어질 때까지는 모든 가족 구성원들이 인정 받지 못하며, 통제에서 벗어나고, 소속되지 않은 것으로도 느끼기 쉽다.

이러한 느낌들은 모든 가족 구성원들이 느낄 수 있는 반면, 특정한 스트레스 인자는 의붓부모, 재혼한 부모, 또는 복합가정에 속한 아이와 관련되는 경향이 있다. 이러한 차이로 인해 각각의 복합가정 구성원은 약간씩 성질이 다른 개인적인 고통을 겪고 있으므로, 가정 내 다른 사람들에 대한 감정을 강조하기가 어렵다는 것을 알 것이다. 어른들 사이에, 그리고 어른과 아이들 간의 이해를 높이는 한 가지 유용한 방법은 기본적인 인간의 요구와 애초부터 외적인 복합가정 구조로 인해 유발된 그 요구들의 박탈에 대하여 부모와 의붓부모의 관심을 불러 일으키는 것이다. 살아가면서 누구나 거절, 무력감, 소외를 경험하므로 이런 감정을 인식하고 느끼는 것은 가정 내 다른 구성원에 대한 공감을 증가시켜줄 수 있다. 그러나 아이들은 그들이 부모와 의붓부모로부터 어느 정도의 감정적인 독립을 획득하는 나이가 될 때까지는 어른에게 공감할 수 없다. 여전히 아이들은 자신들의 감정이 그런 환경 하에서 예측 가능하다는 것을 이해할 수 있으며, 이를 깨달으면 자존심이 높아진다.

의붓부모의 반응

의붓부(모)는 이전부터 형성되어 있는 부모 자녀 동맹에 참여하며, 소속에 대한 요구와는 반대 개념의 위치인 외부인으로 들어온다. 게다가 의붓자녀나 따로 사는 아이들의 친부(모)는 대개 의붓부(모)를 받아들이지 않는다. 종종 새로 재혼한 부(모)는 의붓부(모)의 곤경을 공감할 수 없어서 지지를 기대하기 어렵다. 사회도 의붓부모를 대하는데 어려움을 갖는 것으로 보인다(Coleman과 Ganong, 1987, Fine, 1992b). 의붓부(모)는 타오르는 적개심과 거절을 겪게 되는 외로운 자리이다.

이러한 요구들과 일정 수준의 통합을 이루기 전에 복합가정 내에서 겪을 어려움이 얼마나 큰지 치료자와 토론한 후, 한 의붓어머니는 여러 가지 감정 반응을 보였다.

월요일에 세시간 동안 불편하게 느끼고, 수요일에는 직장에서 동료로부터 거절 당하고, 토요일 파티에서는 사람들 사이에 끼어 들 수 없다고 느끼는 식의 반응이 아니다. 그러한 일들은 아침에 일어나서 아이들과 애들 아빠와 아침 식사를 할 때, 배우자에게만 전화가 올 때, 귀가하는 의붓자녀들을 맞이하는데 반응이 없을 때, 아이들 숙제를 도와주고 같이 게임 하기를 기대하면서 저녁 시간을 보내는 동안, 모두 한꺼번에 일어난다. 세상의 냉담에서 회복되기 위해 집에 가는 것이 아니라 오히려 집으로 갈 때 스스로가 하찮다고 느끼게 된다.

치료에서 수용, 이해, 지지가 의붓부모에게 왜 그렇게 중요한지 쉽게 이해할 수 있는 대목이다.

재혼한 부모의 반응

재혼한 부모는 대개 재혼 후에 아이들과 함께 하는 시간과 정서적 친근감의 상실을 경험하며, 재혼 때문에 아이들의 분노의 대상이 될 수도 있다. 이러한 분노는 특히 사별 후 재혼 또는 외도로 이혼한 뒤 재혼한 경우 더 강할 수 있다. 결국 재혼한 부(모)는 중요하고 의미 있는 아이들과의 관계를 더 잃게 될까봐 두려워할 수 있으며 특히 재혼한 부(모)가 같이 살지 않는다면 아이들을 통제하기가 어렵다는 것을 알게 된다. 그들은 아이들과 지속적인 접촉을 유지하기 위해 이전 배우자를 위로하려고

노력할 것이다.

더욱이 재혼한 부모는 아이들이 새로운 의붓부(모)와 더 나은 관계를 형성한다면 자신과 아이들과의 관계가 더 망가질까봐 두려워할 수 있다. 재혼한 부(모)가 아이들의 애정을 잃을까 봐 두려워하는 것은 받아들여지고 사랑 받고 소속 되고자 하는 의붓부모의 요구와 충돌한다. 흔히 이런 딜레마 속에서 재혼 부모는 자신이 아이들과 새 배우자 사이에 꽉 잡혀 있다고 생각하게 되며 무력감에 빠진다. 그러나 재혼 부모는 집안에서 가장 강력한 존재이다. 왜냐하면 재혼 부모는 부부 관계와 부모 자식 관계 모두에 속하기 때문이며, 종종 아이와 새 배우자는 재혼 부모의 애정을 얻으려 경쟁하기 대문이다. 애정 있는 부모와 애정 있는 배우자가 되는 것은 서로 다른 역할이며 시간과 관심의 적절한 안배가 필요하다. 그러나 많은 재혼 부모가 느끼는 것처럼 "꼭 둘 중 하나"는 아니다.

요구는 옳거나 그른 것이 아니며 이해와 수용을 필요로 한다. 치료는 어른이 이러한 기본적 요구를 알고 서로에게 공감을 가지면서 요구에 반응할 방법을 찾도록 도울 수 있다. 예를 들어 재혼 부(모)는 배우자가 아이들을 위해 뭔가 하거나 의붓부모가 의붓자녀에게 대가를 바라지 않고 자상하게 대할 때 고마워할 수 있다. 의붓부모 입장에서는 아이들의 애정을 잃을까 두려워하는 부(모) 마음의 깊이를 헤아릴 수 있을 때 부(모) 자식 관계를 지지할 수 있다.

아이들의 반응

아이들은 일차적으로 통제력의 부족을 느끼며, 부모와의 관계 상실을 두려워할 수도 있다. 이들은 대체로 원래 가정에서 끌려나와서 완전히 다른 가족 공간에 뚝 떨어진 것으로 느낀다. 이들은 상실이 더 많아질까 두렵고 통제할 수 없다고 느낀다(Bray, 1992). 따라서 비생산적인 방식으로 통제력을 기르려는 시도를 한다. 아이들의 요구는 가능하고 적절한 범주 내에서 통제력을 늘리고자 하는 것이다. 더 많은 상실에 대한 두려움은 두 가정이 반응하는 방식과 얽혀져 있다. 아이들의 50%가 두 가정을 옮겨 다니고 있다. 어른들이 자녀에 대한 사랑으로 자신의 두려움을 참으며 협동하게 되면, 아이들이 갖는 두려움, 즉, 누구를 따를 지에 대한 갈등과 부모와의 관계 상실에 대한 두려움은 상당히 줄어들 수 있다. 두 가정 간 최소한의 신뢰와 이해를 통해 부모는 상실을 덜 두려워할 수 있고 아이들은 더 행복해지고 부모와 더 가까워질 수 있으므로, 이는 아이들은 물론 양육하는 모든 어른들에게도 훌륭한 선물이다.

아이들의 적응을 돕고 이해하는 것은 대단히 중요하므로 6장 전체에 걸쳐 이 주제를 다룬다.

기본적인 감정적 요구를 고려하는 것의 의의

소속되고 싶고 사랑과 인정을 받고 개인적 능력을 가지고자 하는 기본적 감정 요구를 살펴 보는 것은 어떤 가치가 있고 이러한 요구는 복합가정의 역동과 어떠한 관련이 있는가?

(1) 복합가정에서 발생한 딜레마를 해결하려고 노력할 때 복합가정의 초 가족 체계의 복잡함과 많은 수의 구성원들 때문에 혼란이 야기될 수 있다. 일상의 많은 성공이나 결핍은 이러한 기본적 요구를 바탕으로 일어난다. 따라서 이 요구를 지침으

로 사용함으로써 가족 내에서 감정적으로 일어나는 일들에 대한 이해를 높일 수 있다. 그렇게 되면 치료자와 환자 모두에게 도움이 된다.

마조리와 롤랜드의 길고도 치열한 다툼을 보자. 마조리는 거실 욕실에 있는 롤랜드의 최신식 체중계를 자신의 고전적 욕실 체중계로 바꾸겠다고 한다. 이 부부는 불과 몇 주 전에 결혼했다. 둘 다 기대보다 적응이 더 어렵다는 것을 알았다. 마조리는 초혼이었으나 롤랜드는 재혼으로, 독립해서 살고 있는 성장한 세 자녀가 있다. 둘 다 혼자 사는 것에 익숙했었다. 지금은 롤랜드가 이혼한 뒤로 살았던 큰 아파트로 마조리가 이사하는 중이다.

치료자가 부부가 처한 상황을 탐색할 때, 마조리는 자신의 물건 대부분이 창고에 있다고 말했다. 그녀는 "부엌 서랍을 다

열어봐도 내 용품을 넣을 만큼의 충분한 공간이 없었어요. 내물건들이 롤랜드의 것처럼 좋지는 않지만 집에 내 물건도 좀있었으면 좋겠어요." 치료자는 가정에 소속되고 일원으로 느끼고 싶은 마조리의 요구를 이해하고 공감할 수 있었으며 그녀의 이야기를 부정적인 시선으로 보지 않았다.

(2) 치료자는 마조리에게 자기 체중계를 사용하려는 것이 소속감을 더 느끼기 위한 방법인지 물었다. 그러자 마조리는 울기 시작했다. 그녀는 치료자가 자신을 이해하고 받아준다고 느꼈으며 질문을 통해서 그녀가 그런 식으로 행동한 이유가 분명해졌다. 이후 그녀는 자신이 느꼈던 소외감에 대해 자세하게 말하기 시작했고 롤랜드는 조용히 앉아서 들었다.

(3) 치료자는 이런 기본적인 개념을 이용하여 부부가 서로의 행동을 이해하고 공감 하며 반응하도록 도울 수 있었다. 이제 롤랜드는 마조리가 가졌던 감정과 문제가 사라지도록 논의할 필요성을 확인하였다.

(4) 잠시 뒤 상황이 명확해지면서 부부는 롤랜드의 가구 일부를 마조리의 가구로 대체하는 문제에 대해 의논했다. 마조리가 새로운 환경에서 소속감을 가질 수 있도록 도울 다른 방법도 모색하기 시작했다.

인간의 기본적 감정 요구 개념을 바탕으로 작업하는 의의를 요약하면 다음과 같다.

· 복합가정의 여러 가지 상황이 분명해지고 이러한 단순화를 통해 이해가 가능해진다.

- 이러한 이해를 바탕으로 치료자는 복합가정 구성원에게 좀 더 쉽게 공감하게 되어 더 효과적인 치료를 할 수 있다.
- 복합가정 구성원들은 이러한 지각을 통해 서로를 이해하고 공감할 수 있다.
- 이해와 공감을 통해 복합가정 구성원들이 서로의 중요한 감정적 요구의 충족을 돕는 방법을 찾는다.

달성 과제는 수용과 돌봄, 가정 내 일상적 활동 같이 하기, 친숙한 구조와 예측 가능함을 제공할 가족 정체성의 창조 중의 하나가 된다. 친숙함, 소속감, 통제력을 획득하려면 시간도 흘러야 하거니와 대화와 타협, 창조성과 수용이 필수적이다. 친숙함의 발달은 가족 단위에서 타협한 만족스러운 새 의식의 발달뿐 아니라, 다양한 요구에 부응하는 과거의 접근 방식과 경험이 합쳐지면서 이루어진다. 복합가정은 종종 치료적 개입을 필요로 한다. 그 이유는 치료가 다른 가족 구성원의 감정을 이해하고 공감할 수 있도록 돕고 이러한 유형의 가족에서 생기는 모든 과제들을 해결할 수 있게 돕기 때문이다. 통합 과정 중에 도움을 받고자 하는 복합가정의 2/3 가량에서 단기치료가 필요할 것으로 생각된다. 나머지 1/3의 경우 복합가정 내 어려움이 한 명 혹은 그 이상의 가족 구성원의 민감하고 고통스러운 부분에 영향을 끼치기 때문에 필요한 변화를 이루어내고 그들이 이룬 것을 수용하고 소중히 여기도록 돕기 위해 더 긴 시간을 요하는(필요하면 이사라도 하는) 치료가 필요하다.

복합가정 통합에서의 감정 단계
Emotional Stages in Stepfamily Integration

Becoming a Stepfamily 라는 책에서 Papernow(1993)
는 복합가정 구성원들이 필수 과제를 달성하고 가족의 정체성과
통합을 위해 나아가면서 겪게 되는 감정 단계에 대해 자세히 밝
히고 있다. Papernow의 일곱 가지 단계에 기초하여 복합가정
으로 나아가면서 발생하는 중요한 단계를 기술하였다.

1. 의붓부모가 고립감과 거절을 느끼다가 받아들여지고 소속감을 갖게
   되는 과정
2. 재혼 부모가 부모 자식 관계에서 상실을 두려워하다가 안정감을 얻
   는 과정
3. 아이들이 상실과 통제력의 부족을 경험하다가 새로운 것을 인정하
   게 되는 과정
4. 모든 가족 구성원들이 긴장하고 걱정하다가 보상이 있고 친숙하며
   예측 가능한 환경에서 살아 가는 데서 오는 이완감을 느끼는 과정

이러한 과정과 Papernow의 예측 가능한 단계를 인식하게 됨
으로써 복합가정 내 감정의 회오리 속에 놓여 있던 재혼 가정 구
성원들은 자신들의 경험이 정상적인 것이고 훨씬 덜 개인적인
것임을 알게 되면서 편안해진다. 자부심이 커지면서 가정 내에

서 발생하는 사건들을 다루는 능력이 증진된다. 자기 자신과 가정 내 발달의 특정한 단계를 인식할 때 큰 안도감을 느꼈다고 말한 복합가정 구성원들을 통해 이 단계들의 정확성을 검증하였다. 많은 이들은 이러한 인식 후에 감정적인 과정이 더 진행되기를 기대한다. 다음은 Papernow(1993)가 제시한 7단계이다.

1. 환상 *fantasy* 초기에 대부분의 어른들은 새로운 복합가정이 빨리 정착되고 함께 한 이후로 금새 순조롭게 기능하기 시작할 것으로 기대한다. 각 개인이 한 지붕 아래 함께 살게 되면서 환상 단계는 곧 끝나는 경향이 있다.

2. 침수 *immersion* 가족 구성원이 고요한 바다 위에 떠다니기 보다는 거친 물결 속에 "잠긴" 느낌을 받는 단계를 말한다. 익숙하지 않고 예상치 못한 상황이 매 순간 발생하는 것 같고 표면적인 가족 간 상호작용의 이면에는 불편과 긴장이 지속적으로 존재한다.

3. 인식 *awareness* 어떤 변화가 필요하다는 인식이 생겨난다. 보통 의붓부모는 외부인처럼 느끼고 있고 배우자와 동맹을 이루고자 애쓴다. 재혼한 부모는 배우자와 자녀들 양쪽으로 끌려다니며 가운데서 어쩔 줄 몰라 한다. 긴장된 시간 속에서, 가족은 생물학적 연계를 따라 분열한다. 이로써 의붓부모가 자신의 느낌을 믿고 변화의 필요성을 주장하기 전에 어떤 형태로든 의붓부모에 대한 외부평가가 내려지곤 한다.

4. 동원 *mobilization* 이 단계에서 부부가 치료 받으러 오는 경우가 왕왕 있다. 강한 감정이 뒤덮고 있고 많이 다툰다. 가정은 마찰이 생기면 여전히 생물학적 연계를 따라서 분열한다. 우리의 관점에서 볼 때 "받아들여지고 인정 받고 소속되고자 하는 의붓부모의 욕구, 자녀들과의 가까운 관계를 잃을까 두려워하는 재혼 부모의 인간적인 욕구, 부모와 가까운 관계를 유지하고자 하는 아이들의 욕구"는 서로 상반된다.

5. 행동 *action* 부부가 공고한 동맹을 형성하고 가정의 도전에 부

응하기 위해 한 팀으로 일하기 시작하는 이 중요한 단계에 도달하기까지는 평균 3, 4년이 걸린다. 부(모)와 의붓부(모)는 아이들에게 필요한 것은 탄탄한 부부 관계와 협동 가능한 어른 모델임을 깨닫는다. 재혼 부(모)는 의붓자녀와 상호 작용하는 의붓부(모)를 지지해 줄 수 있다. 역으로 의붓부(모)는 친부(모)자식 간 관계를 지지한다. 부부 주변에 필요한 경계가 발달하게 되고 동시에 부부는 아이들의 요구를 존중하고 반응을 보인다.

6. 접촉 *contact* 한 가정이 이 단계에 도달하면 복합가족 특유의 관계가 발달하기 시작하여 의붓부모가 "친숙한 외부인"이 되는 시점으로 발전한다(Papernow, 1993). 모두가 복합가정 생활 양식이 익숙해지면서 예측 가능함과 통제감을 즐긴다.

7. 해결 *resolution* 가정 내 안정성이 존재하는 시기이고 아이들이 속한 두 복합가족 사이에 많은 협조가 이루어진다. 졸업, 결혼, 출생, 사망 같은 특별한 가정사가 있을 때 가족은 이전과 같은 분열을 경험할 수 있지만 그 때보다는 더욱 우호적인 방식으로 더 빠르게 일을 처리해 나간다. 연구에 의하면 성공적인 복합가정이 이 단계에 도달했을지라도 여전히 초혼 가정보다 결속력도 덜하고 유연성도 더 크다고 한다(Hetherington, Stanley-Hagan, Anderson, 1989).

복합가정 구성원들은 복합가정 상황을 다룰 수 있는 자신의 능력에 만족하기 시작하면서 자존심이 높아지고, Sager 등 (1983)이 기술한 더 크고 복잡하고 광범위한 복합가정 "초 가족 체계"가 제공하는 만족을 경험한다. 그들은 종종 "복합가정 경험 덕분에 어떠한 삶이 주어지더라도 다룰 수 있을 것 같은 느낌을 가져요."라는 식으로 이러한 만족감을 표현한다.

이러한 감정적 단계에 대해서 더 많은 정보를 얻고자 한다면, 자료모음에 실린 Papernow의 책을 추천한다.

각기 다른 단계에서의 가족 관계
Family Relationships at Different Stages

　도표 2.2의 (가), (나), (다)는 가정 내 관계의 변화를 나타내는 유용한 방법이다. 굵은 선은 다양한 관계의 긍정적인 강도를 나타낸다. 도식화하여 핵가족, 새로운 복합가정, 통합된 복합가정의 이상적인 그림을 제시하면서, 이 도표들이 많은 복합가정 구성원들에게 큰 가치가 있음을 알게 되었다. 특정한 가정 내 개인들을 반영하는 도표를 그려 봄으로써 그 가정을 매우 잘 드러내는 방법이 된다. 게다가 그림으로 나타난 낯설음이나 외부인의 위치라는 느낌, 인식되지 못하고 인정 받지 못한다는 느낌을 관계 패턴과 연관 지어 생각하게 되면, 가족 구성원들은 치료자가 자신을 이해하고 인정한다고 느낀다. 이것은 그 가정과 치료적 동맹 맺기에 도움이 된다. 가족 구성원들도 가정 내 다른 이들의 감정을 더 많이 수용하고 확인할 수 있을 것이다.

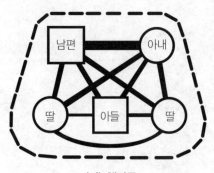

(가) 핵가족

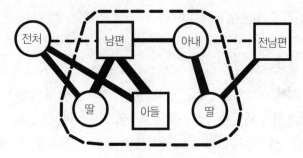

(나) 새로운 복합가정

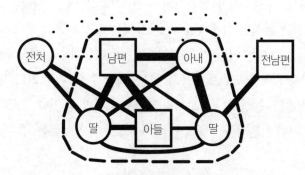

(다) 통합된 복합가정

도표 2.2 가족 관계의 변화

결론

감정과 행동은 일상에서 우리의 존재를 구성하는 기본 요소이다. 실제로 개인 경험에서 이 들 두 구성 요소 간 상호 작용이 대인관계에 영향을 미치며, 어떤 가정에서는 사람 사이의 환경을 결정하는 중요한 인자가 된다. 앞에서 감정과 행동을 나눠서 기술하였지만 실제로는 밀접하게 연결되어 있다. 개요를 통해 이들 두 부분에 대해 각각 복합가정 기준을 구분하였으며, 어떤 한 편의 이론적 접근에 구애 받지 않고 치료 지침에 따라 행동할 수 있다. 복합가정 구성원은 종종 복합가정 기준을 모르는 상태에서 치료를 받으러 온다. 치료자가 복합가정의 구조, 결과적으로 발생하는 과제, 내재된 기본적인 감정적 요구, 예상되는 감정 단계에 익숙해지는 것이 중요하다. 이런 기초가 없다면, 가족과 치료자 모두 기본적인 가정 용어를 모델로 사용하려고 노력할 수 있다. 그러한 접근은 복합가정의 통합보다는 오히려 분열을 초래할 수 있다. 다음 장부터는 이런 기본적 구성 요소들을 바탕으로 한 정보들을 제시한다.

3

복합가정의
차이점
다루기

　이번 장에서는 복합가정과 초혼 가정의 기본적인 차이 열 여섯 가지를 살펴보고 각각에 대한 치료 요점을 찾아보고자 한다. 표 3-1에 열 여섯 가지 특징과 치료 요점을 열거하였으며, 이는 이번 장의 개요를 파악하는 데 도움이 될 것이다.

기본적인 복합가정의 차이점
Basic Stepfamily Differences

1. 구조적 특성이 다르다.

앞 장에서 일곱 가지 구조적 특성에 대해 논의한 바 있다. 이러한 차이 때문에 이상적 핵가족 모델을 재혼 가정에 적용하는 것은 적절하지 않다. 따라서 복합가족 모델을 정확하게 알고 있어야 복합가정 구성원들에 대한 잘못된 판단을 피할 수 있다. 복합가정은 적절한 복합가족 기준으로 평가해야만 한다. 예를 들어, 의붓부모와 의붓자식 사이에 정서적 친밀감이 없다고 해서 가족 기능에 문제가 있다고 해석할 수는 없다. 복합가정은 서로를 이해할 만큼 함께 지낸 시간이 충분하지 않았고, 따뜻한 인간적 상호 관계를 이룰 만큼 긍정적인 기억을 공유하고 있지도 않다.

재혼 가정에는 초혼 가정에서 흔히 볼 수 없는 다양함과 창조적인 면이 있을 것이다. 그러므로 매사에 만족스러운 가족 통합을 이끌어 낼 수 있도록 신중해야 한다.

표 3-1. 복합가정과 초혼 가정 사이의 차이점 및 치료 요점

복합가정이 핵가족과 다른점	치료 요점
1. 가족 구조의 특성이 다르다	1. 가족 평가 시 복합가정 기준을 적용해야 한다. 핵가족 모델 적용은 의미가 없다.
2. 가족에 대한 충성심이 거의 없거나 아예 없다	2. 처음에는 가족 구성원 모두를 함께 만나는 것이 비생산적일 수 있다.
3. 통합을 이루기 전에 가족들은 과도기의 스트레스에 반응을 보인다.	3. 초기 단계에는 정신내적 경과보다는 과도기 적응과정에 초점을 맞추어야 한다.
4. 복합가정은 핵가족에 비해 사회적으로 부정적 평가를 받는다.	4. 기본적으로 가치 있는 가족 단위로서의 인정 및 수용이 이루어져야 한다.
5. 예측 가능한 단계에 이르기까지 긴 통합기간이 필요하다.	5. 치료를 원하는 가족의 가족 발달 단계를 평가한다.
6. 가족항상성이 붕괴된 것이 아니라 평형을 이룬 적이 없는 것이다.	6. 기준이 무시됨으로써 생겨난 혼란으로부터 안정을 찾기 위해 교육과 정상화 단계가 필요하다.
7. 복잡다단한 "초 가족 체계"가 있다.	7. 치료 기간 동안 가족의 복잡성을 명심해야 한다.
8. 가족 구성원 모두가 많은 상실을 겪는다.	8. 슬픔을 다루는 작업이 필요하다.
9. 이전의 부모 자식 결합이 존재한다.	9. 안정된 부부 관계 형성이 필수적이다. 때로는 이를 위해 "승인"이 필요하다
10. 견고한 부부 관계가 좋은 의붓부모 의붓자식 관계로 이어지는 것은 아니다.	10. 부부 관계로부터 의붓가족 관계의 분리에 주의를 기울여야 한다.

복합가정이 핵가족과 다른점	치료 요점
11. 힘의 균형이 다르다.	11. 초기단계에서는 가정 내 의붓부모의 권위가 별로 없다. 따라서 원칙적 문제는 친부(모)가 다루는 것이 낫다. 아이들이 힘을 더 가지고 있으며, 이를 긍정적으로 다뤄줄 필요가 있다.
12. 영향력 있는 부(모)가 다른 곳에 있거나 기억 속에 있으므로 가족 내 통제가 제대로 이루어지지 않는다.	12. 무력감에서 발생하는 불안을 감소시키기 위해 적절한 통제가 필요하다.
13. 아이들이 둘 이상의 부모상을 가지고 있다.	13. 역할을 하는 부부로서가 아닌 '부모 역할 제휴"의 관점에서 생각해야 한다.
14. 가족구성원으로 동의가 이루어지지 않아서 가족 경계가 애매하다.	14. 상실과 스트레스에 대해 주의를 기울여야 한다.
15. 처음에는 가족의 역사가 없다.	15. 가족 구성원은 각자의 지난 역사를 공유할 필요가 있으며, 가정 내 행사와 일 처리 방식을 새롭게 만들어가야 한다.
16. 정서적 기류가 강렬하고 예측 불허이다.	16. 사랑 받고, 인정 받고, 소속감을 느끼고, 자신의 삶을 조절해 나가고자 하는 충족되지 못했던 인간적 욕구를 이해함으로써 다른 가족 구성원과 공감할 수 있다.

예를 들면, 베네트씨 가족의 경우 마리아는 어린 자녀들과 오후 다섯시 반에 저녁을 먹고, 브라이언은 큰 아이들이 축구 연습

을 마치는 오후 여덟시 반에 식사를 한다. 일요일은 식구들이 함께 식사를 한다. 캐슬씨 네는 12월31일에 크리스마스 파티를 한다. 왜냐하면, 식구가 모두 모일 수 있는 시간이 그 때 뿐이기 때문이다. 그런가 하면, 해리슨씨 가족의 경우, 데비 여사는 기숙군사학교에 있는 열 다섯 살 난 아들과 한 달에 한 번의 주말을 보낸다. 만약 아들이 매주 집에 온다면 그는 가정의 변화를 감당할 수가 없다.

이러한 가족 형태는 비정상적인 것이 아니다. 가족 구성원 각각의 기능 상태는 복합가정 기준에 따라 평가해야 한다. "가족이 좀 더 탄탄한 대인 관계, 만족의 증가, 개인적 성장을 향해 나아가고 있는가?" 라는 질문은 어떤 형태의 가정이든 해당된다.

2. 가족에 대한 충성심이 거의 없거나 아예 없다.

집단에서 편안함을 느끼고 집단에 대한 충성심이 생기도록 하려면 개개인에 대한 친근감이 있어야 한다. 이러한 소속감을 느끼려면 시간이 필요하다. 재혼 가정의 경우 처음에는 모든 구성원들이 서로에게 친밀감을 느끼지 못하는 경향이 있다. 사람도 새롭지만 사람마다 각기 사는 방식도 다르다. 예를 들어 텔레비전 보는 취향부터 햄버거 요리법까지 모두가 다르다. 처음에는 긴장감 때문에 가족들은 친 혈족을 따라 나뉜다. 부부가 한 팀이 되어 함께 작업해 나갈 수 있을 때까지는 치료시간에 아이들과 어른을 함께 만나는 것은 가족의 분열을 더욱 조장할 수 있다. 아이들은 새 가족에게 충성심이 없는 경우 흥분하거나 상처를 크게 줄 수 있는 말을 해서 어른들끼리 서로 다투게 될 수도 있다. 아이가 있는 남편과 재혼해서 살고 있는 한 의붓엄마는 재혼 초기에 대해 다음과 같이 회상하고 있다. "마치 계란 위를 걷는 느낌이었어요. 모든 게 깨져버릴 것 같았어요." 가족 구성원들은 각자의 감정을 털어놓고 대화할 필요가 있다. 결속력이 없다면 시간만 낭비하게 된다. 그럴 경우는 서로 유대감이 있는 아이들끼리 구분하여 따로 만나고 어른들도 각각 만나는 게 좋다.

3. 각 가정은 통합을 이루기 전에 과도기의 스트레스에 반응한다.

유형에 관계없이 과도기에는 혼란이 일어 날 수 있다. 과도기 동안 안정감이 부족하여 종종 불안과 통제력 상실을 느낄 수 있다. 새로운 환경에 좀 더 친숙해지고 예측 가능해지면서 불안은 대개 사라진다. 복합가정 구성원은 편부(모) 가정에서 통합된 가정으로 이동하게 된다. 이 과정은 한 가정이 문화가 다른 곳으로 이민 갈 때 발생하는 문화적 적응 과정과 유사하다. 때로는 이런

위태

위태

관점으로 보는 것이 종종 도움이 된다.

많은 이민자 가족을 치료하고 있는 Judith Landau-Stanton(1985)은 새로운 문화 형태에 적응하려고 시도하는 가족에서처럼, 복합가정에서도 과도기의 스트레스로 인해 심리적 증상이 발생할 수 있다고 믿는다. Landau-Stanton 등(1982)이 "과도기 요인으로부터 생겨난 갈등을 치료 초기에 해결해야 한다"고 한 점에 저자는 동의한다.

일부 복합가정에서는 당장 신경 써야 할 개인 문제도 있겠지만, 개개인의 심리적 경과보다는 가족 전체의 과도기적 적응 경과가 우선 치료 목표가 되어야 할 것이다. 새로 의붓엄마가 된 어떤 이는 자신의 치료에 대해서 낭패감을 느꼈을 때 이러한 형태의 치료적 접근의 필요성에 대해 반발한다. "선생님은 내가 의붓엄마 노릇하는 것에 대해 말하는 걸 허락하지 않아요. 제가 그 역할에 집착하고 있다고 하세요." 새로 의붓엄마가 된 경우 자신의 새로운 역할에 대해 비현실적 기대와 불안정성을 느낄 수 있으나, 의붓자식들이 그녀를 존경하지 않거나 남편의 지지가 없다면, 개인 차원에서 이러한 문제를 다루는 것은 비생산적인 결과를 낳게 된다. 치료에서는 너무나 흔한 이 모든 대인관계에서의 과도기적 스트레스를 다루는 것이 최우선이다.

4. 사회에서는 복합가정을 초혼 가정에 비해 부정적 시각으로 바라본다.

초혼 가정은 치료 받으러 올 때 필요한 만큼의 사회적 지지를 받지 못할 수 있으나, 자기들 가정이 중요하고 가치 있는 가정형태라는 것은 인정한다. 복합가정은 이러한 긍정적 인정을 받지 못한다. 가족 단위에 대한 사회의 낙관적이고 희망적인 태도는 의붓부모가 있다는 것 때문에 부정적으로 변한다. 여러 형태의 가정에 순위를 매기는 한 연구 조사 결과, 대학생들은 복합가정을 가장 하위 형태로 분류했다(Coleman과 Ganong, 1987). 이 연구를 통해 재혼 가정에 대한 전반적으로 부정적인 분위기를 알 수 있고, 그로 인해 복합가정은 특히 인정과 수용을 필요로 함을 알 수 있다.

복합가정으로서의 우리 가정은 인정 받을 만한 가정임을 느끼게 하는 것이 중요하다. 하지만 여전히 부정적 고정관념 때문에, 치료를 시작하는 어른들은 자기들 가정이 복합가정 임을 밝히는 것을 꺼린다. 치료자는 수용적이고 민감한 태도로 가족들에게 사회의 비난에 대한 중요한 해독제를 제공할 수 있다. 이렇듯 복잡한 가족의 가치와 생존가능성의 확인이야말로 효과적인 가족치료에 필수 성분임은 두말할 나위가 없다.

5. 예측 가능한 단계에 이르기까지 긴 통합기간이 필요하다.

일찍이 2장에서 Papernow(1993)가 연구했던 일곱 단계의 정서발달에 대해 개관한 바 있다. 일부 가족에서는 가정 내 충성심이 생길 때까지 아이들과 어른들을 함께 치료에 오지 않도록 한다는 원칙도 설명하였다. 가정의 경험적 단계는 관계의 발달과 밀접한 연관이 있다. 가정이 도달한 정서적 단계의 평가는 가족 치료 시 함께 만날 가족이 누구인지 결정하는 데도 중요하다. 이러한 평가는 대단히 중요한 것이다. 표 3-2는 가정의 발달 단계에 따라 함께 치료에 임할 구성원을 제시하였다. 본문에서는 저자들의 생각을 더 자세하게 덧붙인다.

표 3-2. 복합가정의 정서발달 단계 *

단계	특성	관찰할 대상
환상 fantasy	어른들은 즉각적인 애정과 적응을 기대한다. 아이들은 의붓부모를 무시한다. 그래서 의붓부모가 떠나고 친부모와 다시 합치게 되기를 바란다.	개인, 부부, (교육을 위한 만남 이외에는 아무도 만날 것 같지 않은) 의붓가족
침수 immersion	환상을 현실화하려고 시도한다. 일이 잘 안 될 거라는 애매한 느낌. 부정적 측면 증가. 친부모를 따라서 분열. 의붓부모는 뭔가 잘못됐다고 느낀다.	개인, 부부, 문제가 있는 나이든 아이들
인식 awareness	가족압력을 더욱 더 인식한다. 의붓부모는 무슨 변화가 필요한지 감지하기 시작한다. 부(모)는 아이들의 요구와 배우자의 요구 사이에서 부담을 느낀다. 가족 구성원이 친부모 각자를 따라 편을 가른다. 아이들은 부부 간 다른 점을 관찰하고 이용한다.	부부를 각각 그리고/또는 함께 만난다. 도움이 필요하다면 아이들을 만난다.
동원 mibiliza-tion	강한 정서가 표현되기 시작하며, 부부 간 언쟁으로 번지기도 한다. 의붓부모는 변화의 필요성을 분명히 느낀다. 부모는 변화로 인한 상실을 두려워한다. 친부모 별로 나뉘는 구분이 확실해진다. 아이가 없는 의붓부모는 소외되고 지지 받을 곳이 없다.	부부를 각각 그리고/혹은 함께 만난다. 도움이 필요하면 아이들을 만난다.
행동 action	부부는 해결책을 찾아보고자 함께 노력하기 시작한다. 가족 구조가 달라진다. 경계가 확실해진다. 아이들은 변화에 저항할 수도 있다.	부부에 초점. 적절한 하위집단, 초가족체계 하위집단의 병합
접촉 contact	부부는 함께 잘 해 나간다. 의붓부모, 의붓자녀, 기타 의붓친척 사이에 돈독한 유대감이 생긴다. 의붓부모	(문제점에 따른) 초가족체계의 편가르기

단계	특성	관찰할 대상
	는 의붓자녀에게 확실한 역할을 한다. 경계가 명확하다. 초가족체계의 문제들을 다루는 능력이 커진다.	
해결 resolution	복합가정의 정체성이 안정된다. 어려움이 닥치면 이전 단계로 퇴행할 수도 있으나 빠르게 원상복귀 한다. 일상적인 어려움은 초가족체계를 포함하는 가정사 마디마디에서 나타난다.	(이제는 나타날 것 같지 않은) 초가족체계의 편가르기

*Papernow(1993): Becoming a Stepfamily; Patterns of Development in Remarried Families. San Francisco, Jossey-Bass에서 인용

먼저, 부모 아이 결합이 새로 만난 부부 사이의 결합보다 더 강할 수도 있다는 점이다. 어른 둘이 한 팀으로 함께 치료에 임해야 한다는 것을 알게 되는 행동 단계에 이르기 전까지는 같은 치료 시간에 아이와 어른을 함께 만나는 것은 통합적 효과보다는 분열 효과가 더 클 수 있다. 이 단계 전까지는 스트레스가 계속되면 가족은 친부모 계열을 따라 분열된다. 심지어 치료 상황에서조차 되돌릴 수 없을 정도로 부정적인 상호교환이 나타날 수 있다. 치료자들과 이런 내용에 대해 이야기를 나누다 보면 상당수가 끔찍했던 첫 면담을 떠올린다. 단순히 가족 내 상호작용 관찰을 목적으로 만난 첫 시간을 망쳤던 기억이다. 평가를 위해서 일지라도 가족 단위를 한꺼번에 만나지 않음으로써 몇 가지 의미 있는 잇점을 얻을 수 있다.

(1) 아이들을 빼고 부부가 가정사에 대해 머리를 맞대는 기회를 갖게 되는 것은 처음일 것이다. 이는 새로운 부부 관계를 지지하고 강화하는 데 도움이 된다.

(2) 가족 기능에 대한 정보를 더 많이 얻게 된다. 아이들이 없을 때라야 부모로서의 느낌과 자각에 대해 더 자유롭게 말할 수 있기 때문이다. 아이들 역시 부모와 따로 면담을 하다 보면 하고 싶은 말을 더 자유롭게 할 수 있다.

(3) 치료자에게 더 많은 조절능력이 생긴다. 재혼 가정의 불안정성을 고려하면 이는 매우 중요한 사안이다.

표 3-2에 나타난 것처럼 부부가 함께 잘 해 나갈 수 있는 단계에 도달할 때, 같은 치료시간에 가족 내 일부 구성원을 함께 만날 수 있다. 즉, 개인으로 만날지, 가족을 하위 집단으로 나누어 만날지 결정하는 것이 중요한 결과를 낳는다. 어른들을 함께 만날 수 있고, 한 사람씩 만날 수도 있으며, 부부와 아이들을 친부모 별로 만날 수도 있고, 관련된 어른과 아이들을 한꺼번에 만날 수도 있다.

복합가족의 정서적 유대를 고려한다면 치료자가 한 명 이상인 것도 매우 유익하다. 한 예를 들어보자. 복합가정 경험이 거의 없는 치료자가 복합가족을 만날 때 그 자신이 의붓엄마인 치료자에게 도움을 구했다. 두 치료자는 훌륭한 치료 팀을 구성할 수 있었고, 복합가족의 치료는 상당한 진전이 있었다.

다음 사항은 복합가정 내 소집단을 만날 때 치료자들에게 중요한 제안이다. 특히 어린이의 양 쪽 가족을 함께 만날 때 중요하다.

(1) 만나려는 성인 당사자와 직접 약속을 정한다. 이미 만나고 있는 가족을 통해 약속을 전달하지 말라.

(2) 이미 접촉중인 성인으로부터 허락을 받을 때까지 다른 가족에게 연락하지 말라.

(3) 다른 편 가족 구성원을 만날 때, 그 구성원들의 지각과 관심이 치료자가 아이들을 도우려는 시도에 있어서 얼마나 중요한지를 알게 하라.

(4) 치료비에 대해 양측이 합의했는지, 누가 지불할 것인지를 확실히 하라. 치료 시간이 아이에게 도움이 되기 때문에 거의 모든 가족들은 치료비를 잘 지불한다. 아이들은 두 가정에 모두 속하며, 어른들이 각각 돌봐준다. 여러 집 식구들을 부를 때는 매 치료시간마다 각 커플이 공평하게 나누어 진료비를 내도록 한다. 만약 한 커플이 그 시간 진료비를 모두 부담하겠다고 한다면 그러지 않도록 하는 것이 좋다. 왜냐하면 치료비를 한 커플이 다 내는 것은 아이들에 대한 책임을 지겠다는 의미보다는 자신들을 위한 시간으로 만들겠다는 메시지를 전달하는 것일 수도 있기 때문이다. 각 커플이 반 씩 내면 양쪽 집이 아이를 공동으로 돌보는 것이며 치료비도 나눈다는 의미를 갖는다.

(5) 적어도 한 번은 각 커플을 한 사람씩 만나서 두 사람이 만족스럽게 협동하고 있는 지 알아본다. 그렇게 함으로써 아이의 '다른 가정'에 대해 갖고 있는 부정적 느낌을 표현할 기회를 제공한다.

(6) 아이 문제에 초점을 맞추는 합동 치료시간을 유지한다. 과거의 상처를 해결하려는 시도는 대부분 비생산적이다. 치료 시간에는 아이들과 두 가정을 포함하는 현재 상황을 다룬다.

통합 과정동안 복합가정 구성원들이 경험하는 단계 연구에서 Papernow(1993)는 이 과정이 대부분의 복합가정 어른들이 기대하는 것보다 훨씬 더 오래 걸린다고 지적하였다. 가족이 통합되었다고 느끼는 데 걸리는 평균 시간에 대한 통계 결과를 알려주면 일부 성인들은 자신이나 가정이 뭔가 잘못되었다고 느끼지 않고 편안해 할 수 있다.

가정에 따라 '서행' 가정과 '급행' 가정이 있겠으나, 일반적으로 복합가정 통합 과정이 만족스러운 수준에 도달하는 데는 4~5년이 걸린다. 아이들이 어릴수록 과정은 단축된다. 반면, 새로 꾸린 복합가정에 십대 아이들이 있다면, 이 청소년들이 혼자 힘으로 살아갈 수 있게 되기 전까지 관계를 견고하게 만들 시간이 충분하지 않다. 훗날 이들은 부모-자식 관계로서보다는 부모 및 의붓부모와 독립적인 젊은 성인으로서 관계를 맺게 되는 경우가 종종 있다.

복합가정의 통합을 좀 더 이해하려면 다음 저서를 읽는 것이 도움이 될 것이다. Patricia Papernow가 쓴 [복합가정 이루기: 재혼 가정에서 발달 형태](1993)는 복합가정 형성단계를 자세히 공부하는 데 기본이 될 것이다.

저자들이 1988년에 출판한 [기존의 충성심, 새로운 연결: 복합가정의 치료전략] 4장에 보면 "누가 치료를 원하는가" 하는 내용이 있다. 이 책 뒷 부분의 자료 모음에 있는 "치료자와 상담자를 위한 참고 문헌"에는 Browning이 제시한 유용한 제안들도 실려있다.

6. 가족 항상성 붕괴는 없다. 왜냐하면 평형상태를 이룬 적이 없었기 때문이다.

개인이나 핵가족이 치료를 원하는 경우, 일반적으로는 가정의 평형을 망가뜨리는 사건이나 상황이 있기 마련이다. 가정의 평형을 회복하는데 필요한 길을 찾도록 돕는 것이 치료 과제이다. 이와 반대로 복합가정의 치료 과제는 어떻게 하면 평정과 균형을 찾아 갈 수 있는가 하는 것이다. 이런 가족들이 만족스러운 항상성을 수립해 가는데는 정신교육과 복합가족의 정상화가 중요한 전제가 된다. 다음의 헥터 일가 경우가 좋은 예다.

메리 헥터와 짐 헥터는 일 년간 동거 후 육 개월 전에 결혼하였다. 동거 생활은 매우 힘들었다. 결혼을 하면 아이들이 받는 스트레스가 적어질 것이라고 기대했다. 하지만 원하던 대로 일이 풀리지 않았다. 짐의 세 아이와 메리의 두 아이는 전보다 더 화를 냈다. 의붓자식 중 가장 어린 두 딸들의 상황이 가장 나빴다. 메리의 딸인 마사와 짐의 딸인 제니는 끊임없이 싸워댔다. 둘 다 여덟 살이었는데 서로가 너무 달랐다. 예를 들면, 제니는 발랄하고 말을 서슴없이 하는 편이었고, 마사는 조용하고 남을 기쁘게 해주는 성격이었다.

부모와 이야기를 나누는 동안 치료자는 딸들의 갈등 원인을 알게 되었다. 제니 아빠 짐은 제니의 활달함을 좋아했다. 제니가 다른 사람에게 상처가 되는 말을 할 때도 '이제 여덟 살인데 뭘 알겠어요'라든가, 다른 사람에게 해를 준다는 것을 이해하기에는 너무 어리다는 말로 넘기곤 했다. 짐은 마사의 '수줍음'을 좋아하지 않았고, 제니를 닮으라고 압력을 넣는 편이었다. 마사의 엄마 메리도 남편의 영향을 받아서 마사의 행동을 부정적으로 보고 '말 수가 적음'을 비난하기 시작했다. 마사가 사람들과 잘 어울리고 가정에 긍정적으로 기여하고 있는 많은 부분은 간과되고 있었다. 치료자가 문제 원인을 파악해 가는

동안에도 마사는 점점 더 제니에게 화가 나고 불안정해지고 있었다. 제니는 오히려 어른들의 인정을 받고 있었다.

아이들 사이의 계속되는 갈등으로 짐과 메리도 언쟁을 벌이는 횟수가 늘어났고, 큰 아이들에게도 부정적인 영향을 끼쳤고, 어린 두 딸에게만 관심을 두는 것을 불평하기 시작했다. 가정 내의 정서적 긴장감은 사라지지 않았고, 가족 단위에서 만족스러운 해결책을 찾기가 쉽지 않았다.

이들은 이런 형태의 가정에서 일어날 수 있는 일들에 대해 좀 더 알아야 할 필요가 있었고, 문제를 정상화하는데 치료자의 도움을 필요로 했다. 아이들이 느끼는 변화와 상실감에 대해 어른들이 이해하도록 도와주었고, 새로이 형성된 특별한 가족 내 연결고리를 유지하기 위해 부모 자식 사이에 일대 일로 만나는 시간이 필요하다는 것을 알 수 있도록 도와주었다. 동시에 새로 가족이 된 자녀를 의붓부모가 돌봐주는 관계를 맺을 수 있는 시간을 갖도록 도와 주었다.

서로 다른 생물학적 유전성향과 다른 가족 내 성장배경을 가진 두 아이가 비슷해지기를 바라는 식으로만 차이점을 해결해 왔음을 부모들도 깨닫기 시작했다. 이런 분위기라면 한 아이가 종종 '모델'이 되고 다른 아이는 부정적인 평가를 받는다.

짐과 메리는 모든 아이에게 따뜻하게 대하기 시작했고 여덟 살짜리 딸들을 개개인의 '특성'을 가진 개체로 이해하려고 노력했다. 그러자 마사와 제니도 서로 잘 지내게 되었으며, 짐과 메리의 기대도 점차 현실적인 방향으로 맞춰지고 가족기능도 점차 효율적으로 변해가며 평온함이 찾아왔다.

복합가정은 가족 내 평형에 장애가 되는 변화를 꺼리기보다는 통합하고 견고하게 만들려는 시도를 하기 때문에 문제가 생긴 핵가족보다 가족치료 시간이 덜 필요할 수도 있다.

7. 복잡다단한 '초 가족 체계' 가 있다.

Sager 등(1983)은 재혼 가정의 '초 가족 체계' 에 대해 언급하였다. 초혼 가정과 달리 재혼 가정은 이전 배우자, 이전 결혼에서 생긴 친척 등이 있다. 따라서 복합가정 구성원들이 잘 모르는 복잡한 관계가 형성된다. 가족 구성도를 작성하면 요긴하게 쓰인다. 첫 째로, 복합가정에서 사는 것이 때로 사람을 당황하게 만드는 이유를 알 수 있고, 둘째로 가족 구성원(과 주변 인물들)이 조절감을 더 많이 가질 수 있다.

초 가족 체계를 도식으로 표현하면 여러 구성원들의 복잡한 관계를 일목요연하게 정리할 수 있다.

'가족 치료' 가 가족 구성원 전부를 진료실에 모아 놓는 것을 의미하는 것은 아니다. 서로 다른 가족 구성원과 작업하면서 '우리 가족' 과 '상호간 관계' 의 개념을 마음 속에 심어주는 것을 의미한다. 복합가정의 경우 가족 구도가 다른 어떤 가족 형태보다 복잡다단하며 여러 가정이 얽혀 있다. 복합가정 가족 구성도를 그려서 두 집안을 오가며 보내는 시간을 표시할 수 있다. 함께 보내는 시간이 짧으면 점선, 계속 함께 살면 실선 등으로 표시할 수 있다(도표4.1 참조, 104쪽).

8. 가족 구성원 모두가 많은 상실을 겪는다.

변화는 상실을 가져온다. 좋은 변화도 마찬가지이다. 결혼은 많은 것을 바꾼다. 재혼은 초혼 때는 없었던 중요한 상실을 불러온다. 즉, 부모 자식이 항상 함께 살던 것을 잃게 되고, 결혼에 대한 꿈과 환상이 사라지며, 모두에게 친숙한 주변 환경도 잃게 된다. 이 책에서 자주 상실을 주제로 언급하는 이유는 재혼에 있어서 대단히 중요한 요소이기 때문이다. 복합가정을 치료할 때는, 초혼 가정에서는 흔히 볼 수 없는 중요한 슬픔과 비통함을 다룰 필요가 있다.

9. 기존의 부모 자식 동맹이 존재한다.

복합가정에는 부모 중 한 명 또는 두 명 모두 이전 결혼에서 생긴 자식이 있다. 재혼한 부부에게는 이전의 부모 자식 동맹 관계가 존재하며, 이 관계는 폭 넓게 변할 수 있고 여러 가지로 새 부부 관계에 영향을 미친다.

재혼한 많은 부모들이 새로운 부부 관계를 형성하는데 어려움을 겪는다. 새로운 부부 관계를 맺는 것이 이전의 부모 자식 관계를 배신하는 행위라는 두려움 때문이다. 그러나 여느 가정에서처럼 화목한 가정을 이루기 위해서는 견고한 부부 관계가 필요하며, 안정된 부부 관계를 발전시켜 나가는 것이 가장 중요한 치료 과제이다. 때로는 새로운 관계를 형성함에 있어 치료자의 '승인'이 필요한 것처럼 보인다.

복합가정이 성공하려면 화목한 부부가 주도해 나가는 것이 필요한 반면, 부모 자식 동맹은 화목한 핵가족에서보다 복합가정에서 더 강하게 지속될 수도 있다(White와 Booth, 1985). 하지만 부모 자식 동맹이 매우 강하고, 부부 관계가 소원하다면 새로운 배우자는 의붓자식을 미워하게 된다. 반대로 부부 관계가 견고하다면 부모 자식 관계가 중요하기는 해도 새 배우자에게 위협적이지 않은 집안 분위기가 형성될 것이다. 의붓부모 의붓자식 사이에서는 새로운 관계가 싹 틀 여지도 생긴다. '치료 연구 설문지'에 대한 반응처럼, 부부 결속이 강하게 형성되는 것이 가족에게는 매우 중요하고, 가족 치료 경험 상 상당한 비중을 차지한다.

10. 견고한 부부 관계가 좋은 의붓부모 의붓자식 관계를 의 미하지는 않는다.

초혼 가정에서는 부부가 서로 잘 화합하고 탄탄한 관계를 유지할 때, 가정 내 부모 자식 관계가 좋은 경향이 있다. 하지만 복합가정에서는 그렇지 못하다(Crosbie-Burnett, 1984). 의붓부모 의붓자식 결합이 제대로 이루어지지 않기 때문에, 복합가정 부부가 서로 따뜻하고 돈독한 관계를 형성하고 있으면서도 갈라서는 경우가 종종 있다. 의붓 가족 관계는 부부 관계와는 달리 특별히 주의를 기울여야 할 부분이다. 그러나 대개는 만족할 만한 의붓부모 의붓자녀 관계 형성 이전에 부부 관계가 이루어져야 한다. 부부 관계가 확립되지 못하면 배우자의 관심을 끌기 위해 의붓자식들과 경쟁해야 하는 사태가 벌어진다.

재혼 가정 부모는 아이들과 새 배우자 사이가 좋아지도록 압력을 가하는 경우도 있다. 때로 치료자는 의붓부모와 의붓자식의 관계를 개선시키기 위해 양자간 구도를 잘 살펴야 한다. 부부 사이가 긍정적 연대를 이루고 있다면, 의붓부모와 의붓자녀를 함께 만날 수도 있다. 그럴 경우, 가족 구성원 사이의 균형을 염두에 두어야 한다.

데니스는 남편인 테렌스와 청소년기에 들어선 자기 아들 도날드와의 사이가 좋아지도록 하기 위해 노력 중이다. 가족 치료를 받으며 데니스는 테렌스와 가정 내에서 잘 지내게 되었지만, 도날드는 여전히 변화에 저항하며 자주 가출했다. 테렌스와 도날드를 함께 치료하면서 둘 사이는 급속도로 가까워졌다. 그런데, 이 시점에서 가족 모두가 치료에 참여하는 것을 데니스가 방해하기 시작했다. 데니스는 테렌스와 도날드가 서로 잘 지내게 되기를 바랬지만, 실제로 그렇게 되면 자기 아들을 다른 어른과 공유해야 한다는 사실을 깨닫지 못했던 것 같다. 데니스가 재혼 전 삼 년간 아들과 단둘이 살았던 점을 고려해서 도날드와 테렌스의 치료 시간에 데니스를 참여시켰고, 데니스도 새로운 변화를 받아들였다. 치료자에게는 이러한 복잡한 상호작용이 발생한다는 것을 알게 되는 기회였다.

또 다른 복합가정을 보자. 부부 관계가 형성중인 상태에서 아내인 앤은 자기가 집안에서 완전히 따돌림 당한다는 느낌을 받는다며 치료자를 찾았다. "나는 마치 없는 사람 취급을 받아요. 새 남편인 그렉과 내 아이들이 너무나 잘 지내고 있어요. 날 필요로 하질 않아요."
그렉의 반응이다. "예, 앤이 무슨 말하는지 잘 압니다. 제가 아이들에게 뭐든 함께 하자고 했고, 가끔은 엄마와 함께 아이들 편을 들기도 했습니다. 심지어 할 일을 말해주어도 아이들이 저와 함께 하기를 바라는 겁니다. 앤은 따돌림을 받고 있지요. 아내와 의논 했어야 했던 것 같습니다."

재혼 부모는 이러한 의붓가족 관계가 잘 발달되기를 바라지만, 그들 자신에게도 쉬운 변화가 아닌 것이 틀림없다. 부모 입장에서 아이들과의 관계 변화에 예민할 수 밖에 없으며 치료적 지지와 이해를 필요로 한다.

11. 힘의 균형이 다르다.

초혼 가정의 경우 가족 기능을 위한 힘의 균형은 부부에게 있다. 복합가정에서는 아이들 문제에 관한 한 의붓부모의 권위가 별로 없다. 가족의 힘은 아이의 친부(모)에게 있다. 의붓부(모)에게 아이가 없다면 권위도 없고 아이들을 다루기도 어렵다. 의붓부(모)가 아이를 다른 곳에서 기르는 배우자와 결혼한 경우, 이 의붓부(모)는 아이들 문제에 있어서 상대적으로 취약한 위치에 있게 된다. 이 때 경험하는 무력감을 처리하기가 쉽지 않다.

복합가정을 돕는 방법 중 하나는 가정 밖에서 만족을 가져 다 줄 만한 영역을 찾도록 격려해 주는 것이다. 때로 결혼해서 복합가정을 이룰 때, 의붓엄마들은 "아이들을 돌보기 위해서" 현재 만족스럽게 다니고 있는 직장을 그만 둘 계획을 세운다. 새로운 가정에서 권위의 부족에 대해 균형을 잡도록 도와줄 타인의 수용과 외부적 지지가 필요할 것이므로 집 밖에서 일할 곳을 남겨 두는 것이 중요하다. 적어도 복합가정을 충분히 경험할 수 있을 때까지는 직업을 그만두는 결정을 연기하도록 도와서 상황을 더 정확히 평가할 수 있는 기회를 갖도록 한다.

복합가정 연구 결과, 새로운 복합가정에서는 십대들이 핵가족

에서보다 더 큰 세력을 갖고 있음을 발견한다(Bray 1992). 편부(모)와 생활했던 기간 동안 십대 아이들에게 어른으로서의 책임과 특권이 부여되는 경우가 종종 있다. 십대들은 부모가 재혼한 뒤에도 덜 어른스러운 상태로 되돌아가야 하는 것을 원치 않는다. 청소년으로서 자신의 삶을 독자적으로 조절해가도록 허용하는 것은 매우 중요하다. 그렇게 함으로써 그들이 가진 힘을 파괴적 방식이 아니라 생산적 방식으로 가정에 사용하도록 할 수 있다. 이러한 십대의 특성을 어른들이 이해하는 것은 매우 어렵다. 흔히 다른 이의 도움을 필요로 한다.

아주 어린 아이들의 의붓부모가 재혼한 부(모)와 함께 조절하는 역할로 접어드는 데 필요한 기간은 최소한 몇 개월로부터 몇 년까지도 걸린다. 처음부터 부부가 가정을 어떻게 꾸릴지를 함께 머리를 맞대고 상의할 필요가 있지만 초기에는 권위를 갖는 아이들의 부(모)가 결정을 실행하게 된다. 큰 아이들일수록 가정사 결정에 그들의 의견이 반영되도록 배려하는 것이 중요하다. 생산적인 가족 회의는 어느 집에나 도움이 된다. 복합가정에서는 더욱 그렇다. 그러나 치료자 진료실에서 가족 회의를 한 경험을 통해 가족이 함께 작업하게 될 수도 있다.

힘의 문제는 많은 복합가정에서 어려워 하는 부분이다. 치료적 상호교환에 대한 예를 4장의 일곱번 째 주제에서 다룬다.

12. 다른 곳에 있는 부(모) 혹은 기억 속의 부(모)가 영향을 미치기 때문에 가정내 통제가 제대로 이루어지지 않는다.

한 개인의 삶을 조절하기 위해 필요한 기본 심리는 초혼 가정과 재혼 가정에서 다르다. 복합가정의 경우 한쪽 부(모)가 어딘가 살고 있거나 부(모)가 죽었더라도 아이들 마음 속에 남아 있다. 생물학적 부모는 항상 아이들에게 중요한 존재이므로 아이들을 통해 현 복합가정에 영향을 미친다. 그런 까닭에 많은 복합가정에서 어른들이 절망감, 분노, 좌절, 우울을 느낀다.

절망감을 느끼게 되면 감정적으로 상당히 혼란스러워진다. 많은 복합가정 성인들이 치료경험의 긍정적 측면의 하나로 꼽는 것이 바로 절망감의 감소이다. 재혼 가정의 특성인 자율성의 감소를 재혼 부모와 의붓부모가 해결해 나가도록 치료자가 종종 도와줄 필요가 있음을 의미한다.

통제력 감소에 대한 반응으로 나타나는 복합가정 어른들의 두 가지 공통 반응은 (1) 한 쪽 가정의 어른들이 다른 가정의 가족들을 통제하려고 시도한다. (2) 어른들은 자신들이 가진 조절능력을 포기하게 되어 실제 필요한 것보다 더 무력해진다.

첫 번째 반응은 대인관계의 어려움에 대한 일반적인 반응을 반영한다. 그저 다른 사람이 변한다면 모든 게 다 풀릴 것이라고 기대한다. 어른들이 다른 가정을 통제할 수 없음을 깨닫도록 돕는 것이 중요한 치료 과제이다. 두 번 째 반응은 어른들이 아이들의 다른 가정에 의해서 조절 될 수 없음을 깨닫지 못한다는 점에서 첫번째 반응과 관련이 있다. 흔히 어른들은 다른 가정의 어른들에 대한 분노에 사로잡혀서 스스로 조절 가능한 방식으로 좌절을 줄일 대책을 세우지 못한다. 사실 많은 재혼 부모들이 자신의 무력감을 다루는 한 방식으로 법적 도움을 찾고 법원에 호소하여 조절력을 얻고자 한다. 어떤 부부는 치료자가 다른 가정에게 영향력을 행사해 주기를 기대한다.

팀 라이안은 전부인과 자신의 두 자녀를 만나는 문제로 힘겨루기에 휘말린 재혼남 사례이다. 법적 도움과 심리치료 적 도움을 구했고, 지난 이 년간 양쪽으로 많은 공을 들였다. 팀의 치료자는 그의 주변과 그가 통제해왔던 것들에 대해 이해하고 분명히 알게 되었다. 또한 팀이 다른 여러 사람들과 힘겨루기를 벌렸던 전력에 대해서도 알게 되었다. 엄격하고 독재적인 어머니의 감독 하에 자랐던 팀의 유년시절은 행복하지 않았다. 힘겨루기에서 나타나는 팀의 반응은 열 아홉 살 짜리나 만족할 만한 것이었고 강요할 때 저항하는 수준이었다.

팀의 치료사는 팀을 복합가정 지지집단에 소개했다. 집단의 도움과 치료자의 지지 덕분에 팀은 자기 아이들을 좀 더 "방문할 권리"를 얻기 위한 법정 투쟁을 포기할 수 있었다. 팀은 아이들에게 언제나 그들을 위해 시간을 낼 용의가 있음을 알렸고, 전 아내에 대한 압박도 중단했다. 전 부인은 아이들의 단독 보호자로 되어 있었다. 계속되던 힘겨루기를 포기하고 난 뒤 팀은 친구들과 즐겁게 시간을 보냈고 여러 가지 활동을 시작할 수 있었다. 전 부인도 아이들이 가끔 친아버지를 만나는 것이 유익하다는 것을 알게 되었다. 전 부인은 사회 생활에 좀 더 시간을 할애하기로 결심했다. 아이들을 친아빠인 팀과 지내게 함으로써 자신의 일도 잘 풀리는 것을 알게 되었다. 팀은 불필요한 힘겨루기를 피해야 하는 이유를 알게 되었다.

더 흔히 볼 수 있는 복합가정 내 갈등은 사소한 일로부터 비롯된다. 즉, 약속된 시간에 부모가 애를 데리러 오지 않는다든가, 돌아올 시간에 아이들을 돌려보내지 않는다든가, 식사시간 전에 사탕 먹는 것을 허락하거나 밤늦게까지 자러 가지 않는데도 내버려 두는 것 등이 그 것이다. 마르시아와 로버트의 경우, 치료자는 이들 부부가 자기들의 생활을 누리도록 도왔다. 마르시아의 전 남편이 아이들을 데리러 오는 시간이 늦어지는 것 때문에 부부가 개인적으로 피해를 입지 않도록 했다. 마르시아 부부는 외출계획을 세웠고, 시간이 되자 예정대로 떠났다. 열 한 살 먹은 쌍둥이는 마르시아의 전 남편이 데리러 올 때까지 이웃집 청소년에게 맡겼다. 이런저런 상황에서 발생되는 '갈등'을 '날려버리는 것'이 쉽지는 않지만, 방법을 찾아낼 수 있을 것이다. 마르시아와 로버트가 찾아낸 것처럼 상황 해결을 위해 노력한다면, 친부모와 의붓부모는 자신들이 조절할 수 있는 것을 배우게 될 것이며, 가족 구조가 복잡해서 생겨나는 한계점을 받아들이고 더 많이 이해하며 반응하는 법을 배우게 된다.

13. 아이들이 둘 이상의 부모상을 가지고 있다.

과거 대가족 제도하에서는 아이를 기르는데 부모 외에도 여러 사람이 관여했다. 시대가 변하면서 미국 사회나 유사 문화권에서는 아이들이 자라면서 평생 둘 이상의 부모상을 갖기가 어려워졌다. 이는 의붓부모가 법적으로나 사회적으로 부모상으로 인정받지 못한다는 사실을 반영한다. 때로는 이혼한 부모도 "다른 어떤 여자(남자)도 우리 아이들에게 뭘 하라고 말할 수는 없어요."라고 주장한다. 복합가정이 아닌데도 부모친권 논쟁이 벌어진다. 아이들을 돌보는 어른에게서 아이를 떼내어 양부모나 의붓부모보다는 생물학적 부모에게 보호를 맡기는 판례가 꽤 있는 편이다. 아이들을 기른 어른보다 전혀 알지도 못하던 어른에게 후견인 자격이 주어지는 사례가 종종 발생한다.

이러한 양상에 뭔가 변화의 조짐이 보인다. 수 년 전, 미국 메사츄세츠 주에서 의붓아버지가 의붓자식을 입양하는 것을 허락한 판례가 신문에 보도된 적이 있다. 아이의 친아버지는 방문권리를 받았다. '공인된 알선기관을 통하지 않는 입양'도 같은 방향으로 흐르고 있다. 공개적 입양이 늘어나는 경향은 아이들이 두 사람의 부모상 이외에도 정서적 연결이 가능할 수 있다는 점에 근거를 두고 있다. 이러한 연결고리 일부가 세월이 흐르면서 사라질 수 있다고 해도, 우호적인 상호 관계를 갑자기 단절하지 않는 것이 아이와 어른 모두에게 정서적으로 유리할 것 같다. 아이들은 종종 서너 명의 부모상을 가지고 있음을 치료자가 공식처럼 기억하고 있어야 한다. 실제로 아이들은 재혼한 부(모)가 사망하거나 이혼한 후에 전 의붓부모와의 연결을 유지하고 있을 수 있다. 법체계와 많은 연구소에서 원래 부모만이 아이들과 연관있는 어른인 것처럼 판단하고 있다. 아이들에게 한 두 사람의 의붓부모가 있었던 경우도 마찬가지로 취급한다. 반면, 치료자들은 종종 치료자와 만나고 있는 어른 부부만을 생각하고 아이들의 다른 가정에 있는 부(모)나 재혼한 새 배우자 혹은 오랜 관계를 맺고 있는 대상을 포함시키지 않는 실수를 저지른다. 양 쪽 모두 아이에게 중요한 어른을 빠뜨릴 수 있다.

아이들의 부모가 이혼 후에도 부모 역할을 함께 해오고 있다면 아이에게는 도움이 된다(Wallerstein과 Kelly 1980). 재혼 후에 친부모와 의붓부모가 집안을 따지지 않고 "부모역할 제휴"를 맺고 있다면 아이에게 엄청난 혜택이 돌아갈 수 있음을 임상 관찰 상 확인할 수 있다(Visher와 Visher 1988, 1989). 이러한 협력은 어른들 사이의 적대감을 감소시킬 수 있으므로 아이들은 물론 어른들에게도 유익하다.

수잔과 클리프, 레아와 제레미 부부의 경우처럼 '부모역할 제휴'를 조직할 수 있는 힘은 열 네 살 먹은 밀리의 인생을 바꿀 수 있을 뿐 아니라, 어른들 때문에 빚어진 정서적 부담도 상당부분 덜어줄 수 있다(도표 3.1).

많은 이혼 부부처럼 밀리가 여덟 살 때 이혼한 수잔과 제레미 경우에도 전형적인 이혼 후 시나리오가 진행되었다. 두 사람은 재산문제, 밀리 양육문제 등으로 끊임없이 싸웠다. 수 년 뒤 두 사람 모두 재혼했으나 싸움은 계속되었고, 전화상으로 불똥 튀는 설전이 벌어지기도 했다. 결국 밀리가 다니는 학교 상담교사가 치료를 권했다. 밀리는 열 네 살이 되었고 상당히 위축된 아이였다. 공부도 잘 못했다. 학교 친구도 없었다.

몇 달간 치료를 받으면서 밀리는 전보다 행복해 보이기는 했지만, 두 집 사이의 적대감은 계속되고 있었고, 밀리에게는 큰 부담이었다. 밀리는 친엄마 수잔, 의붓아버지 클리프와 함께 살면서 친아빠인 제레미와 재혼한 부인인 레아를 한 달에 한 두 번 정도 불규칙하게 만나고 있었다.

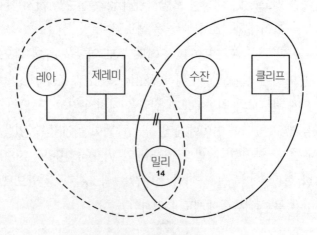

도표 3.1 밀리의 두 가족

밀리의 동의 하에 치료자는 수잔과 클리프에게 전화를 걸어 함께 만날 약속을 하였으며, 제레미와 레아에게도 연락했다.

두 부부는 수잔과 제레미 사이에서 발생하는 논쟁에 대해 불만을 털어놓았다. 각 부부에게 원한다면 다른 부부에 대해 나쁜 점을 말 할 수 있는 기회를 주겠다고 제의했다. 치료자는 밀리를 돌보는 어른들의 노력을 격려해 주었으며, 아이를 공유하는 어려움을 인정했다.

두 부부는 부부간에는 다정하고 친절했지만 상대편 부부에 대해서는 감정이 좋지 않았다. 이야기가 진행되면서 수잔과 클리프는 제레미와 레아가 밀리를 좀 더 자주 만나기 위해 노력하지 않는 것처럼 느꼈다. 한편 제레미와 레아는 수잔과 클리프가 밀리를 만나는 스케줄을 확실히 함으로써 자기들을 통제하려고 한다는 느낌을 받았다. 밀리의 치료 시간에 두 집 어른들이 함께 참석할 것을 치료자가 제안하였고 제레미는 내키지 않아 했다.

제레미: 그 말은 수잔에게 아첨하면서 수잔과 클리프와 함께 계획을 세우라는 거 아닙니까?

치료자: 지금 그 말을 하면서 무슨 생각을 하는지 설명해 주실 수 있겠습니까?

제레미: 우린 수잔과 클리프에게 기대고 싶지 않아요. 저 사람들에게서 내가 내 딸을 몇 시에 만날 수 있는지 듣고 싶지 않아요.

치료자: 그래서, 싸우지 않으면 마치 조절이 안 되고 있는 것처럼 보인다, 이 말입니까?

제레미: 그렇지요, 바로 그렇습니다.

치료자: 그래서 이제는 잘 돌아갑니까?

부부: (동의하면서) 아니, 그렇지 않아요. 밀리가 오랫동안 슬퍼보이는 게 걱정입니다.

치료자: 그렇다면 밀리를 돕기 위해 뭔가를 할 수 있겠습니까?

두 집 사이에서 힘들어 하는 밀리를 위해 만날 목적으로 어른 네 명과 밀리가 함께 왔다. 첫 합동 모임에서 여러 가지 중요한 상호작용이 일어났다.

- 합동 모임 전에 치료자와 밀리는 미리 만나서 이야기를 나누었다. 이 때 밀리는 어른들과 함께 만나는 것에 대한 걱정을 털어 놓았고, 치료자는 밀리의 불안을 낮춰 줄 수 있었다.
- 어른들이 면담시간 동안 서로 예의 바르게 대하는 것을 보면서 밀리는 서서히 긴장을 풀었다.
- 면담 시작 초반에 한 차례 수잔과 제레미가 서로 좋지 않은 말을 주고 받았다. 치료자가 개입했고, 이런 어려운 상황을 해결해가려는 노력이 부족했음을 지적하면서 긴장이 좀 풀렸다. 치료자는 또한 밀리를 아끼는 마음에 어른들이 함께 와 준 것을 칭찬했다.
- 면담 후반에 수잔이 레아에게 말했다. "밀리와 당신이 함께 지내는 게 하나도 부럽지 않아요. 의붓엄마가 되는 것은 정말이지 세상에서 제일 힘든 일이거든요."

수잔의 이 말은 모두에게 도움이 되는 앞으로의 계획을 세우기 위한 사려 깊은 토론에서 촉매 역할을 하였다. 그러나 필요하다면 계획을 변경 할 수 있는 타협의 여지는 남겨두었다. 다음 달에는 두 번 더 만남을 가졌다. 어른들과 밀리로부터 의견을 수렴하여 일반적으로 수긍할만한 조절 절차를 거쳤다.

그 후 몇 달 동안 두 부부는 밀리 문제를 포함한 다른 주제에 대해서도 쉽게 의견을 모을 수 있었다. 밀리도 우울과 불안이 점차 나아졌다. 밀리가 전해 주기를 밀리 아빠도 이제 모두를 위해 모든 일이 정말 잘 풀려 간다고 말했다고 한다.

14. 가족 구성원으로서의 동의가 거의 이루어지지 않아서 가족 경계가 애매하다.

Boss와 Greenberg(1984)는 애매한 상실에 대해 수년 간 연구하면서 가정 내 스트레스를 찾아냈다. Boss와 Greenberg의 연구 대상이었던 가족 중 일부에서 나타난 것처럼, 복합가정의 모호성이란 활동이 없는 부모, 또는 알츠하이머 병으로 인해 육체는 있으나 정신적으로는 없는 것이나 마찬가지인 부모와는 관련이 없다. 그보다는 가족에 속해 있으나 구성원사이에서 가족으로서 인정 받지 못하기 때문에 일어난다(Pasley, 1987). 아이들이 이 집 저 집 옮겨 다니게 되면서 가족 구성원이 계속 바뀌는 것도 모호한 요소로 작용하게 된다.

많은 복합가정에서 아이들은 의붓부모를 가족으로 여기지 않으며, 함께 살지 않는 부모들은 아이들이 가끔 와서 함께 시간을 보내기는 해도 아이들을 가족 명단에서 빼버린다. 의붓조부모도 제외된다. 때로 아이들은 두 가정을 한 가족으로 그리거나 목록을 만들어서 새 부모를 언짢게 한다. 하지만 의붓 형제자매는 자신의 가족으로 여기지 않는다. 그 결과 가족 구성원 각자가 각기 다른 식의 '가족' 개념을 갖게 되어 의사소통에 어려움을 겪는다. 떠난 사람에게 강하게 미련이 남을 수도 있다. 가족의 범주에 들지는 않지만 구성원으로 포함시켰으면 했던 사람에게 감정이 더 쏠릴 수도 있다.

경계가 애매하면 예측가능성이 낮아져서 불쾌감을 야기할 수도 있다. 그리하여 복합가정 구성원들이 바라는 조절감은 오히려 낮아지게 된다. 갑자기 가장 기본적인 것조차 부적합하다고 느끼게 될 수도 있다. 이런 스트레스의 존재를 민감하게 파악하고 이미 형성된 가족 개념에 나름대로의 가족 개념을 소홀하지 않게 추가하는 것이 치료자의 중요한 임무이다.

15. 처음에는 가족 역사가 없다.

복합가정 초기에는 아직 가족으로서의 역사가 없다. 가족 역사가 생겨나려면 절대적으로 시간이 필요하다. 인내, 이해, 존경을 바탕으로 한 의사소통은 역사의 내용을 만들어 가는데 도움이 된다. 역사가 전개되면서 일상 생활과 일을 처리해 나가는 특별한 방식에 점차 친숙해진다. 그리하여 예측 가능성이 높아져 가족 내에 훌륭한 이완제 역할을 하고, 가족 구성원으로서 자신의 삶을 통제하고 있는 느낌이 들게 한다.

집단에 소속감을 가지면서 집단의 역사와 관습에 익숙해지게 된다. 복합가정 치료는 이들 가족이 과거 역사를 다른 것으로 채워 나가고, 새로운 집단에서 새로운 관습을 만들어 나가고, 이전 관습 중 답습하거나 변형시켜서 따르고자 하는 관습을 결정하는 데 큰 도움을 줄 수 있다.

성탄절을 처음으로 함께 보내게 된 가족이 계획을 세우는 과정에서 격렬한 토론이 벌어졌다. 아내인 쉴리와 남편 해리는 각각 이전 결혼에서 낳은 아이들이 있었다. 쉴리와 해리는 성탄절 오후와 저녁시간을 아이들 모두와 함께 보내기로 했다. 쉴리와 두 아이들은 보통 오후에 선물을 뜯어보곤 했다. 해리와 세 아이들은 매번 저녁 때쯤 '선물 열기' 게임을 했었다. 이전 해리 네 집에서는 아이들 각자에게 줄 큰 선물은 해리가 여기저기 특별한 끈으로 매달아 두고 찾게 했었다. 식탁 다리, 의자 밑, 방구석 여기 저기 등에 숨겨놓곤 했었다. 쉴리는 가족 치료 약속을 하면서 불평을 털어놓았다. "전 정말 크리스마스가 좋아요. 근데 그게 너무 심했나 봐요." 해리의 아이들이 울기 시작했다. 치료자는 가족들이 번갈아가며 성탄절에 바라는 소원을 말해보도록 하였으며, 치밀하게 짠 계획을 실행에 옮기도록 도왔다. 쉴리와 그 자녀들은 번갈아가며 다음에 어떤 선물을 열어 볼 것인지 고르는 게임도 했다.

이제 아이들은 눈에 띄게 편안해졌고, 새로운 방식을 받아들이고 적응할 수 있었다. 서로의 각기 다른 과거 관습 중 공유할 수 있는 부분을 찾아냄으로써 각자의 느낌을 계속해서 함께 말할 수 있게 되었으며, 모두가 받아들일 수 있는 행동 계획을 실천에 옮길 수 있었다. 복합가정의 '역사'를 만들어 가기 위해서는 시간이 필요한 것이다.

과거에 즐기던 옛 관습, 좋아하는 것, 싫어하는 것 등을 복합가정 구성원들이 공유하도록 도와준다면, 각 개인 사이에 좀 더 이해할 수 있는 토대가 생겨난다. 그렇게 함으로써 서로에게 편안하게 느낄 수 있을 것이며, 과거 관습은 뭔가 '잘못된 것'이라는 비판적 시각에서 벗어나 현재 일어나는 변화를 수용할 수 있게 된다. 역사를 공유함으로써 새 가족 상황에서 과거의 토대 위에 새로운 역사를 만들어 나갈 수 있다.

16. 정서적 기류가 강렬하며 예측불허이다.

복합가정에서 일어나는 여러 가지 상황은 다른 가정 형태에서

도 발생한다. 하지만 정서 반응은 다른 가정 형태에서 느끼는 것
보다 항상 강렬하다. 이렇듯 고조된 정서적 분위기는 가족 내에
서 또 다른 상황을 낳게 되며, 다음과 같은 치료적 의미가 있다.

- 강렬한 정서 반응이 개인 혹은 가족의 병리를 나타내는
  조짐은 아니다. 복합가정 내에서 통합 과제를 가지고
  경합 중인 구성원 들의 보편적 반응일 수 있다.
- 구성원들은 서로에게 지지적이지 못하다. 왜냐하면 그
  들 자신 혹은 다른 구성원의 정서 반응을 이해할 만한
  에너지나 공감대가 충분하지 못하기 때문이다.
- 아직 불안정하므로 가족을 함께 만나는 것은 좋지 않다.
  가족 구성원들이 '돌이킬 수 없는' 상처가 될만한 발언을
  상대에게 던질 수 있기 때문이다. 개별로 만나거나 적절
  한 하부 집단을 함께 만나는 것이 좀 더 생산적인 접근법
  이 될 수 있다.
- 다른 형태의 가정은 치료자가 치료시간 동안 강렬한 정
  서 반응을 의식적으로 유도해 냄으로써 변화의 동기를
  만들어낼 필요가 있다. 복합가정은 정반대의 기법이 필
  요하다. 즉, 치료자는 정서적 분위기를 차분히 식혀 줄
  필요가 있다.

복합가정의 어른들은 종종 쉽게 흥분하고 새 가정에서 그런
반응을 보인 것을 수치스럽게 여긴다. 두 아이의 의붓아버지가
치료자에게 고백하기를 "가끔은 내 자신이 다섯 살 먹은 아이처
럼 흥분할 때가 있어요. 아내에게 고함을 치거나 계단에 앉아서

좌절감에 소리를 지르기도 합니다." 다른 가정의 예도 비슷하다. 스물 다섯 살 된 의붓딸은 의붓엄마에게 화가 나고, 자기 아버지가 의붓엄마의 열 여섯 살 짜리 딸에게 관심을 기울여 주는 것을 보면서 질투가 나는 것이 창피하다고 고백한다.

복합가정의 생활에 경험이 적은 치료자는 때로 이들이 표현하는 감정이 너무나 강렬해서 압도되는 느낌을 받을 때가 있다. 그러다 보면 흥분한 그 가족 구성원을 병적인 상태라고 단정하려는 충동을 느낄 수도 있다. 치료자는 단정적인 용어 사용을 자제하도록 노력해야 한다. 대부분의 복합가정이 처음에는 혼란스럽고 스트레스를 받기 마련이다. 이는 예상 가능한 일이며, 모든 변화와 혼란스러움에 대한 강한 정서 반응 역시 예상할 수 있다. 복합가정을 치료하는 데 있어서 긍정적 사실 중 하나는 복합가정이 보이는 많은 정서적 문제들이 놀랄 만큼 빨리 정착된다는 사실이다. 이는 지지, 느낌의 정당화, 무슨 일이 생겼는지, 어떻게 처리해 나갈 것인지에 대한 정보 등을 통해 이루어진다.

우선 복합가족 구성원들이 치료자에게서 지지와 수용된다는 느낌을 받을 수 있도록 해야 한다. 자존심이 살아나고 자신들의 반응에 정서적 에너지를 덜 소모하게 되면, 재혼한 부모와 복합가정 부모가 서로를 이해하고 아이들의 이해를 돕는 것이 중요한 과제로 떠오른다. 2장에서 논의된 기본적 심리적 욕구를 충족시키기 위해 초기 복합가정 생활에서 지양해야 하는 것에 대해 토의하는 것이 공감대 발전에 도움이 된다. 복합가정 상황에서 다른 사람들과 대화를 나누고 책을 읽는 것 역시 유용한 보조 치료 방법이다. 내담자들은 치료실에서 말 할 수 없는 내용을 동료(다른 복합가족)들과 나누면서 이해의 폭을 넓혀 갈 수 있다.

다른 사람들이 자신들에게 말하는 것을 들을 때의 반응을 치료 시간에 토의할 수도 있다.

할와 디가 치료실을 찾았을 때, 두 사람 모두 정서적으로 도움이 필요했다. 서로를 지지해 줄 수 없는 상태였다. 때로는 물리적 충돌도 있었다. 치료자는 아이들을 함께 만날 수 없었다. 어른끼리의 관계가 너무 위태롭고 감정적으로 좋지 않아서 전혀 생산적이지 않았기 때문이다. 부부를 만날 때도 서너 차례는 두 사람을 각자 따로 만나는 시간을 마련했다. 개인별 면담 시간에 치료자는 할와 디가 갈망하는 지지와 정당화를 제공하는 데 주력했으며, 함께 만날 때는 개인별 면담동안 분리해서 논의했던 복합가정의 주된 어려움들을 희미하나마 감지할 수 있도록 도와 주었다. 그들은 서서히 자신감이 생겨났으며, 현 상황과 상대방을 받아들였다. 할은 전 부인과의 한계를 명확히 해 가기 시작했으며 디의 불안도 감소하고 할에게 지지적으로 변해갔다.

변화가 시작되고 감정적 폭발 횟수가 줄어들면서 치료자를 함께 만나는 빈도도 늘어났다. 부부는 서로에게 지지적으로 대하게 되었고 개인 면담의 필요를 느끼지 않게 되었다. 재혼부부로서의 삶에 적응하는 데 방해가 되었던 과거의 문제들이 있었지만, 서로를 새롭게 이해하기 시작하면서 감정적으로 고조되지 않고도 이런 문제들을 토론할 수 있었다. 서서히 문제가 풀려가기 시작했으며, 가족으로서 기틀을 잡아 나갔다.

초기의 혼돈 상태가 완화되기 까지는 흔히 이러한 강렬한 감정이 나타난다. 이 점을 간파하는 것은 내담자는 물론 치료자에게도 유용하다. 실제로 복합가정 치료 시 좋은 결과 중 하나는 감정의 단계적 축소이며 이는 비교적 빠르게 진행된다.

요약

Summary

　이번 장에서는 복합가정과 초혼 가정사이의 중요한 차이점을 개괄하였고, 이를 치료에 이용하는 방법을 논의하였다. 이런 특징에 주의함으로써 치료자가 핵가족 모델과 다른 가족 모델을 구상할 수 있게 되고, 발생 가능한 사안에 대해 좀 더 민감해지고 이해 가능하게 된다. 그리하여 신뢰감을 구축하고, 치료시간이 복합가족 사이에 의사소통이 가능한 안식처 구실을 하게 된다. 대부분의 치료처럼 온화함과 이해가 효과적인 치료의 기본이다.

4

복합가정에서
생기는
힘든 문제들

재혼 가정에서 발생하는 어려움 보다 정도는 덜 하더라도 유사한 문제가 다른 형태의 가정에서도 발생할 수 있다. 그러나 문제의 기본 원인은 다르다. 우선, 복합가정에서는 2장에서 논의된 외부 구조적 특징으로 인해서 몇 가지 어려움이 발생할 수 있다. 초혼 가정에서는 같은 유형의 문제들이 보통 가족 내 개인들의 내적 특징에 의해 발생한다. 예를 들면, 어린 시절 가족 내에서 소외당하고 거부당한 경험 때문에 자존감이 낮은 아버지는 초혼 가정에서 딸이 자기를 무시하고 엄마 품에 안겨 들 때 이를 매우 고통스럽게 생각할 수 있다. 전(前) 가족과 떨어져 복합가정을 이루고 사는 한 아버지의 경우, 딸이 자신을 차갑게 대하면서 다른 곳에 사는 친 엄마에 대해서만 친밀감을 보인다면, 견딜 수가 없을 것이다.

새로이 형성된 재혼 가정은 흔히 다음 여덟 가지 분야에서 가족 구성원의 개인 특성과 상관없이 어려움을 겪는다.

1. 변화와 상실
2. 비현실적 믿음
3. 기존구성원/신참구성원
4. 생활 주기의 불일치
5. 충성심 갈등
6. 영역문제
7. 통제력 문제
8. 친밀함/거리감

변화와 상실

모든 변화는 상실을 초래한다. 익숙한 것들이 익숙하지 못한 것들로 대체되기 때문이다. 재혼의 경우도 예외가 될 수 없는 것이, 재혼은 많은 약속과 함께 수많은 상실을 동반하는 변화 과정이기 때문이다. 일부는 인식하고 예상할 수 있지만, 어떤 것은 알아차리거나 예측할 수 도 없다. 분홍빛 기대로 가득 찬 어른들은 보통 아이들이 자신들처럼 흥분으로 들뜰 것이라고 생각하고 아이들이 얼마나 많은 상실을 경험하고 있는지 알아차리지 못한다. 외동 아이가 세 아이들 중의 하나가 된다거나, 가장 나이든 아이가 형제 중 중간이 될 수도 있다. 자기 방을 혼자 쓰던 아이가 자기 생활공간을 의붓형제와 함께 쓰게 될 수도 있다. 장난감을 함께 가지고 놀라는 요구는 부정적 반응을 낳을 수 있다. 어떤 아이에게는 30분 일찍 잠자리에 드는 것이 대단한 변화가 될 수 있다. 친부(모)를 새로운 의붓부(모) 또는 의붓형제와 공유해야 할 필요가 생기면서 친부(모)와 함께 하는 시간과 관심을 잃게 될 수 있고, 어른들은 종종 이를 인식하지 못하고 지나칠 수 있다. 친부모나 의붓부모로 하여금 아이들의 이러한 상실에 대한 인식과 이해를 넓히도록 돕는 일은 그 가족 전체를 돕는데 매우 크게 기여할 수 있다.

카일과 신시아는 결혼한 지 십개월 된 부부인데, 카일은 "아이들 때문에 미치겠다."고 한다. 신시아에게는 앤이라는 일곱 살 난 딸이 있었고, 카일은 여덟 살 짜리 딸 산드라와 여섯 살 짜리 이들 팀을 두고 있었다(도표 4.1). 앤은 주로 카일과 신시아와 함께 살고 있었고, 카일의 아이들은 매달 세 번의 주말과 여름 한 달을 이들에게 와서 지냈다. 아이들이 함께 있는 동안에는 항상 싸움이 일어났다.

다음은 치료자가 이 가족에게 무슨 일이 일어나고 있었는가를 알아보기 위해 시도했던 질문과 상호작용의 양식이다.
1. 카일과 신시아가 치료자를 방문하게 된 문제를 확인한다.
2. 치료에 필요한 가족사를 알아본다(가계도를 그리는 것은 중요한 가족사 정보를 얻을 수 있는 훌륭한 방법이다)
   ● 카일과 신시아는 사귄지 얼마나 되었는가?

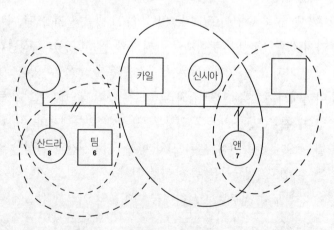

도표 4.1 카일과 신시아의 복합가족

104

- 결혼한 지 얼마나 되었는가?
- 아이들의 성별과 나이는?
- 각 아이들의 생물학적 부모는?
- 아이들이 다른 쪽 친부(모)와 만나고 있는가? 스케줄은 어떻게?
- 카일과 신시아가 함께 있을 때 아이들의 생활은 어떠한 가?
- 아이들이 두 집 사이에서 왔다 갔다 하는 동안 생활방 식은 어떻게 변화하는가?
- 아이들의 두 가정은 어떤 관계를 맺고 있는가?

3. 아이들의 다툼과 관련된 중요한 세부 사항들에 대해 질문 한다.

치료자는 세 아이들이 모여 있을 때마다 끊임없이 싸운다는 것을 알게 되었으며, 카일의 아이들이 집에 올 때마다 앤이 자기 방을 산드라와 함께 사용해야 하고 팀은 거실에 있는 소파에서 자야 한다는 사실을 알게 되었다. 모든 아이들은 8시에 잠자리 에 들어야 했는데, 이는 산드라가 친엄마의 집에서보다 30분 일 찍 자야 한다는 것을 의미했다. 어른들은 아이들이 모두 모이는 주말에는 롤러 스케이팅이나 공원에 소풍 가기, 여름에 호수에 서 수영하기 등의 특별한 가족 모임을 계획했다. 앤 하고만 지내 는 주말에는 외출을 거의 하지 않았고, 대신 그 동안 하지 못했 던 집안 일을 돌보며 보냈다.

치료자는 신시아와 카일이 아이들이 겪고 있는 많은 상실에 대해 거의 인식하지 못하고 있다는 것을 인지하였다. 다른 가족을 치료에 개입시키지 않고서도 그들 가족을 긍정적인 방향으로 유도할 수 있는 변화를 부부가 만들어 보도록 제안했다.

치료자는 부부가 다음 사항을 이해함으로써 아이들의 상실에 좀 더 민감하게 반응할 수 있도록 도와주었다.

- 아이들은 상실에 대한 분노를 말로 표현하기보다는 행동으로 나타낼 수 있다.

앤의 상실

- 팀과 산드라가 집에 오면 어른들의 관심이 그 아이들에게 쏠리기 때문에 앤은 자기 어머니와 의붓아버지와의 접촉을 갑자기 잃어버리곤 했다
- 아이들이 방문할 때 앤은 자기 방을 산드라와 함께 사용해야 했으며, 이런 점에서 화가 났을 수 있다.
- 의붓형제 들이 집에 올 때만 가족이 특별한 행사를 가졌기 때문에 앤은 의붓형제가 더 많이 사랑 받는 것처럼 여겼다.

팀과 산드라의 상실

- 팀과 산드라는 아버지의 재혼 전에 아버지 아파트에서 함께 했던 특별한 시간들을 빼앗겼다.
- 산드라는 원래 잠자리에 드는 시간보다 일찍 어린 두 동생들과 함께 자러 가야 한다는 사실 때문에 강등된 듯한 느낌을 받을 수 있다.
- 팀은 거실의 소파에서 자고 자신만의 특별한 장소를 가

질 수 없기 때문에 자기가 있을 자리가 없다고 느낄 수 있다.

신시아와 카일이 아이들과 상호 작용하는 방식을 변화시킴에 따라 아이들은 긍정적인 반응을 보였다.

- 신시아와 카일은 각각의 아이들과 일 대 일로 책을 읽거나, 산책을 가거나, 게임을 하는 등 특별한 시간을 보냈다. 이는 새로운 관계를 형성하고 재혼 전부터 존재했던 친부모-아이 관계를 유지하는데 도움이 되었다.
- 부부는 아이들이 자신의 개인공간을 갖지 못하고 있는 점에 대해 이야기를 나누었으며, 산드라와 팀이 집에 와 있는 동안만이 아니라 언제나 자신의 것이 될 수 있는 개인적 공간으로 어떤 것이 가능한지 함께 의논했다 (상당 수 아이들은 자기 옷이나 장난감을 보관할 수 있는 간단한 서랍으로도 충분하다).
- 팀과 산드라가 오는 주말이면 주로 외출을 하곤 했었는데, 이후에는 가족이 함께 집안일을 처리하는 "일하는 주말"을 보내기도 하고, 앤과 카일과 신시아만 있는 주말에도 특별한 가족 외출을 계획하기도 했다.
- 산드라와 함께 잠자리에 드는 시간에 대해 의논한 결과, 앤이 잠든 후에 혼자서 방에 자러 들어가는 것보다 앤과 같은 시간에 함께 자는 것이 훨씬 재미있는 일이라는 것을 인정함에 따라 불쾌했던 마음이 사라졌다.

이러한 변화로 인해 아이들간의 긴장감은 사라졌고, 부부는 더 이상 치료적 도움을 필요로 하지 않게 되었다. 그러나, 미래에 치료자의 조언을 다시 필요로 하게 되면 더 많은 도움을 받는 것이 가능하다는 것을 확인하고 치료를 종결하였다.

　새로운 복합가정에서 성인이 겪는 상실 또한 다양하다. 자기 시간과 공간이 줄어 드는 것, 익숙한 것들의 상실, 직업의 변화, 친구와 가족과의 이별 등이 그것이다. 근심 걱정 없는 첫 결혼의 꿈이 사라질 수 있다. 이전에 결혼을 해본 경험이 없는 사람의 경우, 아이가 있는 사람과 결혼하게 되면 "나의 가족은 나와 남편과 우리 아이들"이라는 신기루가 사라지게 된다.

비현실적 믿음
Unrealistic Beliefs

만족스러운 복합가정으로 통합되는 과정을 방해하는 세 가지 중대한 잘못된 믿음이 있다.

- 복합가정과 초혼 가정은 다를 것이 없다.
- 복합가족으로의 적응은 짧은 시간 내에 이루어진다.
- 서로를 사랑하고 돌보는 마음은 금방 생겨날 것이다.

부부의 장밋빛 기대와 냉엄한 현실 사이의 불일치가 크면 클수록 실망과 당혹감도 보다 커지게 마련이다. 불행하게도, 많은 남자와 여자가 이러한 그리고 또 다른 비현실적인 기대를 안고 재혼하고, 새로운 복합가정의 혼돈 상태가 진정되지 않으면 곧 환상에서 깨어나 죄책감과 자책감을 느끼게 된다.

의붓엄마인 캔디스가 의붓딸과의 관계에서 매우 심각한 어려움을 겪게 되자 치료를 받으러 왔다. 캔디스는 존과 결혼한지 8개월이 되었는데, 존은 열 한 살짜리 마샤와 여덟 살짜리 도날드의 아버지였다. 캔디스는 38살이었고 이전에 한 번도 결혼한 적이 없었다. 이 모두가 '그녀의 가족'이 될 참이었다. 그녀는 그들 모두가 결혼 후 몇 달 지나지 않아서 "행복한 큰 가족"이 될 것이라고 기대했었다. 그녀는 마샤나 도날드와 좋은 관계를 형성하기 위해 매우 열심히 노력했다. 캔디스에 의하면, 의붓아들 쪽은 따뜻하게 반응해 주었으나, 의붓딸은 갈수록 화만 낼 뿐이었다. 캔디스는 당황해서 자신이 무엇을 잘못했는지 궁금해졌다.

캔디스의 이야기를 통해 그녀가 자신의 복합가족에 대해 비현실적인 믿음을 가지고 있음이 드러났다. 아이들이 친 엄마를 3주에 한번씩 정기적으로 만나고 있었음에도, 캔디스는 자신의 생각 속에 핵가족의 이상적 형태를 그린 다음 새로운 가족 구성원들이 곧 사랑과 보살핌으로 하나가 될 수 있으리라 기대했다.

치료자가 캔디스의 복합가족과 초혼 가족의 차이점을 점잖게 지적해 주자 그녀는 우울해졌다. 화가 나서 치료를 받지 않겠다고 말했다. 그녀가 가족에 대해 가지고 있던 기대를 버려야 하는 일이 얼마나 슬픈 일인지를 치료자가 인정해주자 캔디스는 울기 시작했고 가족에 대해 느꼈던 실망스러운 점들에 대해 이야기했다.

캔디스가 가지고 있던 것과 같은 중요한 믿음을 버리는 것은 어려운 일이다. 그녀는 매우 천천히 자신의 가족과 초혼 가족의 차이점을 받아들였다. 또한 복합가족의 융화가 일반적으로 시간이 좀 걸리는 과정이지만, 새로운 관계가 점차 안정되면 많은 보상과 충족감을 갖게 될 수 있다는 현실적인 관점을 받아들였다. 우울과 분노는 사라졌고 마샤와의 관계에서도 긴장감을 늦추게 되었다. 치료를 시작한지 여섯 달 후 치료자는 캔디스와 거리에서 우연히 마주쳤다. 캔디스가 매우 흥분하며 말하기를, "정말 믿을 수가 없어요. 내가 긴장감을 풀고 마샤를 몰아대지 않게 되자마자 그 애가 더 이상 반항적으로 굴지 않게 되었어요. 지금은 서로 재미있게 지내고 있답니다. 정말 멋져요."

복합가정 어른들이 서로에게 실망하게 된 상황에서는 서로의 기대를 물어봄으로써 서로를 더 이해하게 만들어 도움을 줄 수 있다. 보다 더 도움이 되는 일은 다음의 질문에 각자 답을 적어 오도록 해서 다음 번 치료 때 함께 읽어보도록 하는 "숙제내기"이다.

1. 배우자와 가족에 대해 기대하는 바를 적어 보시오.
2. 각 기대사항에 대해 그것이 현실적이라고 생각하는지 비현실적이라고 생각하는지를 적어보시오.

자신들이 작성한 목록을 비교해 보면서, 부부는 종종 몇 가지 믿음에 대해서는 함께 웃으면서 삭제할 수 있고, 특별한 가족 단위 형성을 위한 보다 현실적인 기대를 추구하게 된다.

기존구성원 / 신참구성원

2장에서 우리는 복합가정 구조가 우리 모두가 가지고 있는 직장, 집 또는 사회 속의 어느 집단에 소속되어 있음을 느끼고자 하는 인간으로서의 기본적 요구에 부합되지 않는다는 것에 대해 이야기했다. 예를 들어, 독신이었던 남자나 여자가 아이가 있는 사람과 결혼하게 되는 경우 그 남자나 여자는 이미 존재하는 집단에 끼어 드는 셈이 된다. 부부끼리만 있을 때에는 편안할 수도 있으나, 가족 모두와 함께 할 때는 재혼한 친부모와 아이들은 과거를 공유하며, 서로의 감정이나 말, 행동 등을 예측할 수 있는 "내부자"들이다. 이 집단에서 의붓부모는 이방인이다.

몇몇 재혼 가정에서는 두 어른이 모두 아이를 데리고 있을 수 있고, 이런 경우 복합가족이 모두 모이면 같은 공간을 공유하고자 하는 두 개의 독립된 하위집단이 존재하게 된다. 이 중 한 집단이 다른 집단의 집으로 이사하게 되는 경우, 새로운 집단은 기존 하위집단의 공간을 빼앗는 셈이 된다. 열 살짜리 아이의 아버지로서 새로 남편이 된 어떤 이는 말했다. "의붓딸들은 착한 아이들이지만, 내 공간을 침범한다. 내 아들과 나는 침해 당한 느낌이다." 한편 여자아이들과 친엄마 또한 그들이 침입자인 것처

112

럼 느끼고 있었다. 가능하다면 새로운 복합가족은 새로운 집에
서 생활을 시작함으로써 영역 싸움이나 외부인인 것 같은 느낌
을 갖게 되는 일을 줄여야 한다. 몇몇 가족은 융화로 가는 중 발
생하는 이러한 장애를 극복하기도 하지만, 대부분의 경우 몇 달
간 많은 혼란과 불행의 시간을 보낸 후에 결국 가족들이 각자의
집으로 이사를 가게 되곤 한다.

　소속감은 매우 기본적인 요구이다.

　　필딩 가족의 경우, 치료자와의 면담약속을 위해 전화한 사람
　은 클라리스 필딩이었다. 그녀는 데렉과 결혼하기 아홉 달 전
　에 데렉의 집으로 이사했다. 데렉은 이 년 전에 아내를 잃었고
　그와 세 아이들은 시골에 있는 큰 집에서 계속 살고 있었다. 클
　라리스는 현재 상황에 대해 이야기하면서 너무나 흥분해서 거
　의 말을 못할 지경이 되었다. 눈물을 흘리면서 다음과 같이 상
　황을 표현했다.

　　클라리스 : 제 아들 테드와 제가 그곳으로 이사했을 때 거기
　　　　　　엔 우리를 위한 공간이 전혀 없었어요. 아무도
　　　　　　우리를 위해 서랍을 비워주지 않았고 또 물론 우
　　　　　　리 가구를 들여놓을 공간도 전혀 없었죠. 저는
　　　　　　가구들을 대부분 팔았지만, 몇 가지 특별한 것들
　　　　　　은 보관하고 싶었어요. 우리는 그것들을 데렉의
　　　　　　집에 있는 지하실에 보관했죠. 데렉의 딸은 자기
　　　　　　방을 가지고 있었고, 쌍둥이 아들들이 테드와 방
　　　　　　을 함께 써야만 했어요. 그 아이들은 그걸 싫어
　　　　　　했어요. 우리 침실에 있는 서랍에서 데렉의 죽은
　　　　　　아내의 옷가지들을 발견하기까지 했죠. 제가 그
　　　　　　것들을 꺼냈을 때, 알리샤는 자기 엄마의 물건들

을 보고는 울기 시작했어요. 정말 끔찍했어요. 저는 아직도 테드와 제가 그곳에서 어떤 공간을 소유하고 있다고 생각되지 않는데, 남편은 그걸 전혀 이해하지 못해요. 그는 그 집에 대단한 애착심을 가지고 있고, 아이들 데리고 이사 갈 생각도 없어요. 아이들이 그 집에서 쭉 자랐기 때문이라는 거죠. 우리가 안락한 공간을 가지고 있다는 점에 대해 고마워하지 않는다고 제게 화가 났어요. 우리 관계는 갈수록 나빠지기만 해요.

치료자: 그래서 당신과 테드는 그 집 소속이 아니라고 느끼는군요.

클라리스: 네, 네, 맞아요. 그리고 제가 무얼 옮기기라도 하면 아이들은 기분이 상해요.

치료자는 클라리스의 동의를 얻어 데렉과 직접 통화했다.

치료자: 지금 살고 있는 집에 대해 당신과 당신의 아내가 서로 느끼는 바가 달라 어려움을 겪고 있다고 들었습니다.

데렉: 맞아요. 정말 아름다운 곳인데 클라리스는 별로 좋아하지 않는 것 같군요.

치료자: 당신이 그 점에 대해 느끼고 있는 바를 들을 수 있다면 도움이 될 것 같은데요. 제가 확실하게 상황을 이해할 수 있도록 여기로 와서 저와 이야기를 나누실 수 있겠습니까?

치료자가 데렉과 단 둘이 만나는 동안 데렉은 그의 집과 아이들에 대해 말했다.

데렉: 저는 그 집을 사랑합니다. 죽은 아내와 저는 6년 동안 작은 아파트에서 살다가 그 집을 지었지요. 집을 짓기 위해 우리는 매우 힘들게 일했답니다. 그것이

10년 전입니다. 우리가 그곳으로 이사했을 때 제 딸은 겨우 두 살이었고, 쌍둥이들은 거기 아닌 다른 곳에서는 살아본 적이 없어요. 자연히 엄마가 죽었을 때 아이들은 매우 괴로워했고 그 집은 우리 모두에게 매우 큰 의미를 갖게 되었죠.

치료자: 클라리스와 테드가 집에 대해 같은 감정을 갖지 않아서 힘들었겠군요.

데렉: 그래요. 그들이 살아본 어떤 집보다도 좋은 집일 텐데 말입니다.

치료자는 데렉과 클라리스를 함께 불러 서로의 감정(데렉의 상실에 대한 두려움과 클라리스의 소외감)에 대해 이야기할 수 있도록 도왔다. 새로운 이해를 통해 부부는 서로 더욱 가까워졌고 해결책을 찾기 위해 함께 노력할 수 있게 되었다.

일부 수리만 할지 구조까지 변경할지에 대해 상의하다가 현재 살고 있는 지역에서 새 집을 구해보기로 했다. 이사를 하기로 의견이 모아지자, 아이들을 고려해서 침실이 더 많은 집을 찾기로 했다. 남자아이들에 관한 한 긍정적인 변화였다. 마침내 새 집을 샀을 때, 아이들에게 자기 방을 어떻게 꾸밀 것인지에 대해 결정할 수 있도록 하였다. 이사는 슬픈 일이기도 했지만, 부부는 일을 급작스럽게 진행시키지 않았고 점진적인 변화는 데렉과 아이들이 적응하는데 도움이 되었다. 클라리스와 테드는 변화에 대한 기대를 가지고 기다릴 수 있었다.

인생주기의 불일치

초혼의 경우, 두 사람의 결혼과 가족 경험은 유사하다. 두 사람 모두 같은 시기, 같은 기간 동안 결혼한 것이다. 그들은 같은 순간에 부모가 되고, 그들의 가족은 적어도 첫 아이의 나이만큼은 오래되었다. 일반적으로 그 부부는 나이도 비교적 비슷하고, 아마도 직장생활도 거의 같은 시기에 시작했을 것이다. 그러나 재혼의 경우에는 부부의 결혼과 가족 역사가 매우 다를 수 있으며, 아이들도 그들이 이룬 가족에서 태어나지 않았을 수 있다.

린다와 밥은 이러한 경우에 있을 수 있는 불일치의 분명한 예가 된다. 밥은 16년의 결혼 생활 끝에 이혼했다. 그의 아들 조는 그때 14살이었다. 3년 뒤, 밥과 린다는 결혼했다. 린다는 30세였고, 결혼 경험이 없었으며 법률 비서로서의 새로운 일을 막 시작하고 있었는데 그녀는 이 일을 매우 좋아하고 있었다. 밥은 린다보다 18살 많았는데, 매우 성공적인 변호사로 개인 사무실을 운영하며 일주일에 단 네 시간만 일하는 사치를 누리고 있었다. 밥은 26 피트짜리 요트를 소유하고 있었으며 그곳에서 대부분의 여가 시간을 보냈다. 밥은 끊임없이 린다에게 함께 항해하자고 권했으며, 요트 다루는 것을 돕기 위해 조가 배에 와 있을 때에도 함께 가자고 했다. 린다는 이러한 요청을 자주 받아들이지는 않았다. 그녀는 항해를 즐기지도 않았고, 자신에게 매우 중요한 직업과 항해가 상충되는 것으로 느껴졌다. 의붓아들 조와 좋은 관계를 형성하지 못해 함께 있는 것도 즐겁지 않았다. 3년 간의 결혼 생활 후, 린다와 밥 사이의 스트레스는 점점 커져서 린다가 치료적 도움을 찾게 되었다.

첫번 째 상담에서 린다는 울음을 터트리며 실망감과 속상함을 털어놓았다. 그녀는 항해를 별로 좋아하지 않았으나 밥과 함께라면 한 달에 한 두 번 하루나 이틀 정도씩은 기꺼이 갈 생각이었다. 법률 사무소에서의 그녀의 일은 아주 잘 되고 있었다. 그녀는 일을 즐기고 있었으며, 그녀가 고맙게 생각할 정도로 승진도 했다. 밥과 함께 배를 타려고 금요일에도 일을 쉴 수는 없다고 생각했고, 자꾸만 그렇게 하자는 그의 압박에 점점 기분이 상하게 되었다. 동시에 밥의 여행에 함께 하지 못한다는 점에 대해 죄책감도 들었다. 의붓아들 조와의 관계를 개선하지 못하고 있는 것에 대해서도 죄책감을 느끼고 있었다.

치료자는 린다의 고통을 인식하고, 재혼에는 그보다 더 큰 불일치도 존재하는데 이는 단순히 부부 각자가 인생주기에 있어서 서로 매우 다른 지점에 존재하고 있기 때문이라고 말해 주었다. 린다는 직장생활의 출발점에 서 있는 반면, 그녀의 남편은 이제 더 이상 직장생활 초기에 필요했던 만큼 열심히 일하고 싶어하지 않는 지점에 서 있었던 것이다.

그리고 나서 치료자는 주제를 조에게로 돌렸:

치료자: 조는 친구들과 많은 시간을 보내는 편인가요?
린다: 네, 걔는 친구들과 대부분의 주말을 함께 보내기 때문에 우린 그 아이를 그렇게 자주 보지 못해요. 조가 저를 좋아한다고 생각하지는 않아요. 제게 예의 바르게 대하기는 하지만 우리랑 함께 있을 때는 별로 말을 하지 않아요.

치료자: 당신이 조의 나이였을 때, 어떤 종류의 활동을 하곤 했죠?

린다: 저는 우리 학교 풋볼 팀의 치어 리더였어요. 정말 재미있었죠. 연습도 많이 했지만, 우리 팀 중에 다섯 명이 특히 친해서 그 외에도 다른 많은 일을 함께 하곤 했죠. 정말 대단했어요!

치료자: 그 때 당신은 부모님에게 많은 얘기를 했었나요?

린다: 아니오, 별루요. 저는 학교일로 너무 바빴고 해야 할 숙제도 많았어요. 그리고, 주말엔 경기가 있었죠.

치료자는 린다로 하여금 그녀가 십대였을 때의 관심사와 조의 현재 관심사 사이에 비슷한 점들이 있다는 것을 알아차리도록 도울 수 있었다. 린다는 조가 그의 인생에서 성장기에 위치해 있다는 것과 친구들과의 관계가 매우 중요하다는 것을 이해하기 시작했다. 조의 이러한 성장기적 요구는 새로운 가족 단위를 발전시키고 싶어하는 린다의 바람과 일치하지 않았던 것이다. 조의 행동이 반드시 자신에 대한 감정을 드러내는 것은 아니라는 것을 이해하면서 린다는 안심하게 되었다. 조와 함께 하는 얼마 안 되는 시간이 즐거워졌다.

린다의 동의 하에, 치료자는 밥과 연락하여 그와의 상담을 통해서 치료자가 그의 걱정거리들을 알 수 있게 된다면 도움이 될 것 같다고 제안했다. 밥은 치료자를 찾아왔고 여가 시간을 린다와 함께 하고 싶은 그의 바람과 그들 사이의 긴장감에 대한 깊은 우려에 대해 이야기했다. 상담을 하는 동안 치료자는 밥이 그들의 인생 주기에 있어서의 불일치 때문에 발생하는 부부 사이의 차이 때문에 타협이 필요하다는 점을 이해하도록 도왔다. 이러한 개별 상담 후에 린다와 밥이 그들의 차이점을 창조적으로 처리하는 방법을 찾아내기까지 몇 달에 걸친 부부 상담이 필요했다.

또 다른 잠재적 차이점, 즉, '내 아이를 낳을 것인가 말 것인가?'는 이 부부의 경우에 있어서는 적어도 이번에는 발생하지 않았다. 종종, 부부 중 한 쪽은 아이가 있고 다른 쪽은 아이가 없는 경우에 아이가 없는 쪽에서는 함께 아이를 낳기를 바라고 다른 쪽은 그렇지 않을 때, 충돌이 발생한다. 이런 요구의 불일치에 대한 해결책을 찾기 위해서는 치료과정이 꽤 길어질 수 있다. 때때로, 다른 기본적인 문제가 관련되기도 한다. 또 다른 경우에는 아이를 원하는 쪽이 아이를 양육하는 데 필요한 도움을 기대하지 않겠다는 데 동의하기도 하고, 가끔은 서로를 많이 사랑하면서도 이 문제 때문에 부부가 헤어지기까지 하는 경우도 있다.

충성심 갈등

가족 사이가 원만한 초혼 가정에서는 아이가 태어날 때 이미 부부간에 강한 유대감이 형성되어 있다. 아이와의 유대감도 대부분 빠르게 자리잡는다. 복합가정의 구성원들이 함께 살게 되면, 일상적으로 전부터 존재하던 친부(모) 자식 간의 연대와 앞으로 발달되고 소중히 여겨질 필요가 있는 새로운 부부간의 관계가 공존하게 된다. 아이들은 친부(모)와 연결되어 있을 뿐 아니라 다른 곳에서 살고 있는(사망했다면 기억 속에 남아 있을) 다른 쪽 친부(모)와도 결속되어 있다. 아이들과 친부(모)의 새로운 배우자는 서로 간에 새로운 관계를 발전시켜 나가야 한다. 많은 재혼 가족들에게 불편하기 짝이 없는 충성심 갈등은 반드시 해결하고 넘어가야 하는 큰 짐이 된다.

새롭게 통합된 복합가정 내 상황을 이해하기 위해 63쪽에 나오는 것처럼 가족 구조 도표를 그려보는 것이 도움이 된다. 새로 결합한 부부와 그들의 감정적 요구를 다루고 있던 한 치료자는 그들 간에 형성된 특정한 유대감 양상을 보여주는 도표 2.2와 유사한 도표를 그려보았다. 이 새로운 복합가정은 어머니와 두 아이들, 아이가 없이 오직 그의 아내하고만 연결되어 있는 의붓아버지로 구성되어 있었다. 치료자가 남편의 위치에 대해 언급하자 그는 인정 받고 이해 받았다고 느꼈고, 그의 아내는 그녀가 가족 내에서 형성하고 있는 모든 관계들을 바라봄으로써 소외당한 듯한 그의 감정에 주목할 수 있었다. 도표는 효과적인 의사소통 수단이 될 수 있다.

이러한 도표를 통해 서로 경쟁적인 충성심에 대한 토론을 이끌어 낼 수 있다. 예를 들어, 재혼한 부부들은 종종 아이들에 대한 사랑과 새로운 배우자에 대한 감정 사이에서 갈등을 느끼며, 상당수 어른들은 친밀한 부부 관계를 형성하는 것이 아이들과의 관계에 대한 배신이라고 생각한다. 아이들은 의붓부(모)를 좋아하는 것에 대해 걱정하는데, 왜냐하면 새로운 부(모)를 좋아하게 되는 것이 생물학적 부모에 대해 충실하지 않게 되는 것을 의미한다고 생각하기 때문이다. 아이들은 한 사람이 줄 수 있는 사랑의 양은 무한하지 않고 제한되어 있다고 느낀다. 어른들조차도 그렇게 여긴다. 재혼한 어떤 아버지는 "나는 한 바구니의 사랑을 가지고 있고, 만일 내가 그 중 일부를 의붓자식들에게 준다면 친자식들에게는 사랑을 덜 주게 될 것이라고 생각했습니다."라고 말했다. 다행히, 그는 한 재혼한 어머니의 경험담을 통해 진실을 깨우칠 수 있었다. "사랑은 우리 모두에게 돌아갈 정도로 충분하다는 것을 아이들이 가르쳐 주었어요."

2장에서 언급했던 것처럼, 사랑 받고 보살핌을 받고 싶은 욕구는 인간의 기본적 요구이다. 불행하게도, 많은 친부모들은 아이들이 의붓부모에게 긍정적인 감정을 갖게 되면 아이들과의 친밀감을 잃게 될까봐 두려워 하고, 많은 재혼 부모들은 새로운 배우자나 의붓자식들과 강한 유대감을 형성하게 되면 친자식과의 친밀감을 잃게 될까 두려워 한다. 불행히도 이러한 두려움에 대한 어른들의 반응은 이미 아이들의 걱정거리가 되어 있을지도 모를 충성심 갈등을 심화시킬 수 있다.

다음 삽화는 충성심 문제의 세 가지 일반적인 유형을 묘사하고 있다. 첫번 째는 다이아나의 경우로 의붓어머니이며 동시에 재혼한 엄마로서의 딜레마를 보여주고 있다.

해리와 다이아나는 결혼한 지 이 년이 지났다. 두 사람 모두 이번이 두 번째 결혼으로, 해리는 자기 두 딸을 못 보게 될까봐 두려워서 전 아내인 린다와의 접촉에 제한을 둘 수 없었다. 린다는 딸아이들에 대한 대수롭지 않은 일들을 상의하기 위해 자주 직장이나 집으로 전화를 하곤 했다. 린다는 거의 매달 양육비 외의 돈을 요구하곤 했다. 이 때문에 해리는 다이아나와의 사이에서 곤란함을 겪으면서도 요구를 들어주곤 했다. 다이아나는 해리와의 관계를 불안해 했고, 해리가 여전히 린다를 사랑하고 있다고 비난했다.

6개월간의 치료기간 동안 두 사람 모두 서로의 관계를 개선하기 위해 열심히 노력한 결과, 이제 서로를 지지하게 되었다. 해리는 린다와의 접촉에 제한을 두게 되었고, 다이아나는 남편과 싸우기 보다는 협력하게 되었다.

이 시점에서 다이아나는 의붓자식들에게 의붓어머니로서의 역할을 걱정하게 되었다. 해리와 다이아나가 아이들과 함께 하는 기회가 늘어났기 때문이다. 해리는 그의 딸들이 다이아나에게 감사하고 있으며, 그녀가 의붓어머니로서의 역할을 매우 잘 해내고 있다고 안심시켰다. 그러나 다이아나는 그러한 남편의 평가를 받아들일 수 없었으며, 치료자는 다이아나에게 이 딜레마를 다루기 위해 개별 상담을 제안했다.

개별 상담 기간 동안 치료자의 질문에 대한 답을 하는 과정에서 다이아나는 몇 가지 문제 감정을 확인할 수 있었다.

1. 의붓딸에 대해 그녀의 친아들에 대한 것과 똑 같은 감정을 느끼지 않는 데서 오는 죄책감
2. 어떤 다른 아이도 그녀의 아들과의 관계를 위협할 수 없다는 것을 아들이 확신할 필요성

이 시점에서 다이아나는 "의붓딸을 점점 좋아하게 될수록 그 아이와의 관계에서 내 역할이 어떤 것인지를 점점 더 모르겠어요."라고 말했다. 다이아나가 의식적으로 이야기하는 것과는 다른 종류의 잠재적인 충성심 갈등을 생각하게 하는 대목이다.

치료자: 마치 당신 또한 당신 아들보다 의붓딸을 더 사랑하게 될까봐 걱정하고 있는 것처럼 들리는군요. 결국 당신 아들은 이제 혼자 남겨지고 당신은 의붓딸들을 더 많이 돌보고 있다는 거군요.

다이아나: (눈물을 흘리며) 저는 그게 두려워요. 그런 일이 일어나는 것을 원치 않아요.

다이아나와 해리는 전에 치료자에게 다이아나가 어릴 때 부모에게 받아들여지지 않았던 반면에 그녀의 언니는 늘 가장 사랑 받았고 지금도 그렇다고 생각한다고 말했었다. 치료자는 다음의 대화에 필요한 정보를 이미 알고 있었던 셈이다.

치료자: 당신의 부모님이 당신보다 당신 언니를 더 사랑했었다고 말했던 것을 기억하고 있습니다.

다이아나: 네, 맞아요.

치료자: 그래서 당신은 두 아이를 모두 사랑하는 부모에 대한 경험이 없으시군요.

다이아나: 네, 그래요.

치료자: 아마도 그것이 당신이 의붓딸을 사랑하게 되었을 때 당신 아들을 계속해서 사랑하는 모습을 상상할 수 없는 이유인 것 같군요.

다이아나: (잠시 생각하더니)맞는 것 같아요.

일주일 뒤 개별 상담 시간에 이 설명을 재차 강조하였고, 다이아나는 이런 면에 있어서 자기 부모와 닮지 않았다는 사실을 깨닫게 되면서 천천히 긴장을 풀게 되었다. 다이아나의 사례에서는 일반적인 의붓부(모)의 두려움이 자신이 나고 자란 가족에서의 어린시절의 경험에 의해 심화되는 것을 볼 수 있었다.

두 번째 예는 짐에 대한 이야기로 그는 한 여자아이와 그보다 어린 두 남자아이의 아버지이다. 짐은 리사와 재혼했는데, 그녀는 이전에 결혼 경험이 없었다. 짐과 리사는 결혼한 지 6년 째 접어들었다. 그 동안 리사는 짐이 여전히 아이들과의 관계를 최우선으로 여기며 자기와의 관계를 소홀히 하는 느낌을 받았다. 짐은 짐대로 아이들을 친엄마의 무관심으로부터 보호해야 한다고 느꼈고, 만약 그가 아이들의 요구를 모두 받아주지 않는다면 아이들이 자기에게 화를 낼까 봐 두려워했다. 결과적으로 리사의 요구는 무시되었다. 그녀는 우울해졌고 짐으로부터 멀어졌다.

일 년여에 걸친 치료기간 동안 이 문제에 관련된 내용을 자세히 다뤘다. 그리고 나서 그의 딸과 리사 사이의 일상적인 상호작용에 대한 짐의 반응도 달라졌으며 그들 가족은 새로운 차원에서 기능할 수 있게 되었다. 짐과 리사는 짐의 딸 마고가 음악 레슨을 마치면 함께 데리러 갔다. 마고는 주말을 맞아 그들 집에 다니러 오는 중이었고, 그들은 집에 가는 길에 외식을 할 참이었다. 세 사람이 마고의 음악 선생님 집에서 나오는 길에 마고가 리사에게 빈정거리는 투로 말했다. 이 때, 짐은 차를 세우고 딸에게 말했다. "네가 내 아내에게 그런 식으로 말하면 내 마음이 아프단다. 나는 너희 두 사람 모두를 사랑하고 네가 리사에게 그런 식으로 말할 때면 슬퍼진단다. 게다가 너는 꽤 자주 그러더구나." 마고는 울기 시작했고 리사 또한 울었다. 그리고 나서 리사와 마고는 그들의 감정에 대해 함께 얘기하기 시작했다. 리사는 주로 자기가 속상했던 것을 이야기했고, 마고는 리사에 대해 자라나는 애정이 자기 친엄마에게 상처를 줄지도 모른다는 두려움에 대해 말했다.

보통 이러한 종류의 대화는 아이들이 그들의 재혼부(모)가 새로운 배우자와 유대감을 형성하고 있다는 것과 동시에 재혼한 부(모)가 전과 마찬가지로 아이들의 요구에 계속해서 관심을 가지고 있다는 것을 깨달은 후에야 가능하다. 전에는 짐이 마고 앞에서 리사를 지지한 적이 없었고, 그가 그들 모두를 사랑한다고 했던 말은 마고와 리사 모두에게 사랑에 관한 한 둘 중 하나를 선택해야 하는 상황이 아니라 두 사람 모두를 포함하는 것이라는 메시지를 전달하는데 있어 중요한 요소가 되었다. 리사와 마고는 더 이상 짐의 애정을 위해 경쟁하지 않았을 뿐 아니라 짐 또한 그들 둘에 대한 충성심 문제로 고민하지 않아도 되었다.

마지막 예는 매우 기분이 상한 열 살 짜리 소년 캐빈의 이야기이다. "전 엄마 아빠를 사랑해요. 전 두 분 모두를 행복하게 해 드리고 싶은데 그럴 수가 없어요. 정말 제가 할 수 있는 일은 아무것도 없어요. 엄마는 제가 의붓아버지를 좋아하길 바래요. 만약 제가 그러면 아빠가 속상해 하실까봐 겁나고, 아빠를 속상하게 만들긴 정말 싫어요."

캐빈은 치료자가 그의 아빠, 엄마, 의붓아버지에게 그의 감정에 대해 이야기 하는 것에 동의했다. 치료자가 어른들과 두 차례 상담을 한 뒤, 세 어른들은 자신들의 캐빈에 대한 사랑 때문에 비롯된 문제들을 해결하기 위해 캐빈과 함께 만나는데 동의했다. 치료자는 시간을 조절해서 캐빈이 그의 친아버지와 함께 지내는 기간에 상담을 받으러 올 수 있도록 했다. 이렇게 해서 상담에 참석하는 캐빈과 친아버지, 캐빈 엄마와 의붓아버지, 네 사람 간에 균형이 맞게 되었다. 이 만남을 통해 캐빈은 어른들 모두가 자기를 걱정하고 있음을 확인했다. 친부모는 캐빈에 대한 사랑을 이야기했고 그가 그들을 사랑하고 있다는 것을 알고 있다고 말했다. 친아버지는 또한 캐빈에게 캐빈과 의붓아버지가 함께 좋은 시간을 가지고 서로 진정으로 위할 수 있게 되고 아마 서로 사랑하게 될 수도 있을 거라 생각한다고 말했다. 친아버지는 캐빈에게 이것은 충분히 받아들일 수 있는 일이며, 캐빈이 계속해서 그를 사랑할 것을 알고 있기 때문이라고 말했다.

친부모들이 아이들에게 다른 가정의 어른들로부터 배우고 함께 즐기고 그들을 위하는 마음을 가져도 괜찮다는 것을 알 수 있도록 말하고 행동할 때, 아이의 충성심 갈등은 줄어들거나 소멸될 수도 있다.

경계 문제

일반적으로 초혼 가정은 그들만의 경계가 있을 뿐 아니라, 가정 내에서도 어른들과 아이들 사이에 경계를 가지고 있다. 식구들 사이에 누가 가족에 속하는지에 대한 동의가 형성되어 있는 것이다. 반대로, 3장에서 지적된 바와 같이 재혼 가족에는 모호한 경계들이 많고, 식구들끼리도 누가 가족에 속하는지에 대한 동의가 일치하지 않는 경우도 흔하다. 가정을 둘러싼 든든한 울타리도 필요하고, 그 울타리 벽에는 아이들이 두 개의 가정 사이를 오갈 때 통과할 수 있는 문 또한 필요하다. Boss와 Greenberg(1984)는 모호한 가족 경계 때문에 가족이 스트레스를 받는다고 하였다. 가족의 경계가 보다 모호한 복합가정의 경우, 경계문제로 인해 흔히 어려움을 겪게 된다. 복합가족에서 중요한 경계, 특히 부부를 둘러싼 경계와 아이들의 두 가정 사이의 경계를 강화하도록 돕는 일이 종종 가장 큰 치료 과제가 된다.

피츠제랄드 가족은 새로운 부부와 아이들을 둘러싼 복합가족의 공통적인 경계의 문제를 보여준다. 멕과 존은 10개월 전 결혼했는데 전에는 따뜻하고 친밀했던 관계가 잦은 말다툼으로 점점 악화되자 도움을 요청하게 되었다. 치료자는 부부만을 따

로 상담했는데, 멕은 그녀의 두 딸도 상담에 참여하기를 원했
었다. 존은 전에 결혼한 적이 없었고, 따라서 모두 여자인 가정
에서 자신만이 남자인 상황을 매우 어려워하고 있었다. 그 집
에서는 고양이마저도 암컷이었다!

부부와 함께 사정을 알아보는 동안, 치료자는 부부를 둘러싼
명확한 경계가 없다는 사실을 발견하게 되었다. 두 딸, 여덟 살
짜리 쉴라와 열 살인 타미는 편모 가정에서 주로 엄마와 함께
생활했던 지난 3년간 집안에서 마음대로 생활하는 데 익숙해
져 있었다. 멕의 재혼 이후에도 아이들은 멕과 존의 침실을 노
크 없이 드나들었으며, 거실에서 보다는 어른들 방에 있는 침
대에서 빈둥거리며 텔레비전을 보는 것을 좋아했다. 멕은 쉴라
와 타미에게 방문이 닫혀 있을 때는 노크를 하도록 했지만, 아
이들은 종종 잊어버렸다. 멕은 이런 일들을 별로 대수롭지 않
게 여겼으나, 존은 점점 화가 나서 어른들만의 사생활이 부족
한 점을 못마땅하게 생각하게 되었다. 그는 아내와 딸들 사이
의 대화에서 소외당한다고 느꼈으며, 새 아내와의 친밀함을 아
쉬워하고 있었다.

치료자는 부부 각자의 감정을 명확하게 이해한 후에, 그들이
서로의 감정상의 차이점을 받아들이도록 도울 수 있었다. 서로
를 이해하게 되자 부부는 화해를 하고, 타미 와 쉴라로부터 독
립된 부부만의 시간과 공간을 가질 수 있는 방법을 찾아냈다.
그들은 저녁 여덟시 반까지는 부부침실이 가족 모두가 함께 모
여 이야기 하는 장소가 될 수 있게 하되, 어른들이 허락하지 않
는 한 텔레비전을 보지 않도록 했다. 그 후로는 주말에도 침실
문은 닫혀 있을 수 있었고, 멕과 존은 둘 만의 시간을 보내곤
했다. 부부는 저녁 여덟시 반이 되면 방문에 다음과 같은 쪽지
를 붙여 아이들에게 재미있는 주의 사항을 전해 주었다. '피를
흘리지 않는 한 노크하지 말 것.' 타미와 쉴라는 각자의 방을
가지고 있었고, 때로 그들만의 시간을 갖고 싶어했다. 부부는

어른들도 그러한 마음을 가지고 있다는 점을 지적했고 이것이 변화를 불러일으켰다. 처음에 아이들은 심하게 불평했으나, 일단 그것이 자기들의 엄마가 지지하는 부부 결정이 되자 서서히 변화에 익숙해져 갔다. 가장 절실하게 필요했던 경계가 어른들과 아이들 사이에 형성되었고, 이로 인해 가정 내 경계의 모호성이 줄어들었다. 존은 무엇에 의지해야 하는지를 알게 되었고, 멕이 그들만의 시간을 존중한다고 느끼게 되었다. 경계가 명확해지면서 이들 가족은 따뜻하고 애정어린 분위기 속에서 함께 하는 시간을 갖게 되었다.

복합가족의 구성원들 사이에 심각한 문제를 만들어 낼 가능성이 있는 두 번째 중요한 경계의 문제는 아이들의 두 가정이 분리되지 못하는 것이다. 이 문제는 재혼한 부모들이 적절한 경계를 형성하면 전 남편(부인)이 화가 나서 아이들이 다른 가정을 방문하는 것을 허락하지 않는 식으로 보복 할까봐 두려워하는 데서 기인한다. 한편, 정신적으로 완전히 분리되지 못하고 두 개의 가정이 함께 묶여 있곤 하는데, 이런 경우 분노나 재혼한 부(모)가 이전의 관계를 잊지 못하는 것이 원인이 된다. 불행하게도 어떤 경우라도 아이들에게 또는 새로운 배우자에게 문제가 발생하게 된다. 분노가 남아있는 경우 아이들은 그들의 친부모 사이에 끼어 곤란함을 느끼고, 재혼한 부(모)가 전 배우자에게 작별을 고하지 못하는 경우 새로운 배우자에게 충실할 수 없다.

친부모 모두가 아이들을 기르는데 있어 협동할 수 있도록 "부모역할 제휴"(Visher와 Visher, 1989)를 형성하는 것은 바람직하지만, 두 가정 사이에 적절한 거리를 유지하지 못한 채 연대를 형성할 경우 일의 진행이 순조롭지 못하다. 심리적으로 여전히 전 배우자에게 의존적인 재혼한 배우자의 경우 무의식 중에 두 가정 사이의 유대를 발전시키고, 이는 보통 아이들을 양육하는 일과 별 상관이 없는 주제나 대화로까지 확대된다. 바트와 린다가 처한 상황이 전형적인 예가 된다.

첫 번째 상담 시간에 바트는 전처의 행동이 자신의 현재 결혼에 어떤 문제를 일으키는지에 대해 알게 되었다. 전처인 베티는 직장에 있는 바트에게 또는 자러 가기 직전에 집으로 자주 전화를 걸곤 했다. 린다는 이러한 전화를 특히 언짢아 했다. 부부가 함께 하는 시간을 방해했기 때문이었다. 그녀는 바트가 베티와 아이들과는 상관없는 이야기를 나누는 것도 신경이 쓰였다. 바트는 직장분위기에 대해 불평을 늘어놓거나 베티가 친한 친구와 오해를 해결하는 방법에 대해 충고하곤 했다. 반면에 린다는 전남편과 매우 잘 지내고 있었지만 불필요한 접촉이나 대화는 거의 없었다.

치료자는 그들 부부가 아이들 모두를 위해 적대적이지 않은 환경을 조성한 것에 대해 칭찬하고, 두 사람 사이의 긴장감을 감소시킬 수 있는 방법에 대해 물었다. 두 사람 모두 바트와 베티의 접촉이 문제를 일으키고 있다는 데 동의했다. 베티 또한 재혼을 했으므로 그들은 그녀와 새 남편과의 상호관계와, 바트와 베티의 전화통화에 대한 그의 반응이 궁금해졌다. 치료자는 부부의 어릴 적 가족에 대해 질문 했다. 바트는 부모의 이혼과 그들의 서로에 대한 적대감이 그에게 가져 다 준 끊임없는 고뇌에 대해 이야기 했다. 그는 그 자신이 경험했던 것과 같은 적대감으로부터 아이들을 보호하고 싶어했다. 린다는 남편의 행동이 그녀에 대한 배려부족이 아니라 아이들에 대한 걱정으로부터 비롯된 것이라는 점을 이해하기 시작했다. 바트 역시 베티가 화를 낼까봐 두려워서 "너무 극단적인 행동을 하고 있었음"을 깨닫게 되었다.

바트는 아이들과 상관이 별로 없는 부분에 대해 베티와 이야기하는 것을 서서히 중단했다. 베티에게 직장에서는 통화하기 곤란하다는 것을 알리고 집에 있을 때에는 그녀가 전화해도 좋은 시간을 제한함으로써 이야기하는 횟수를 점차적으로 줄여나갔다. 바트는 대부분의 통화에 린다도 참여 시키기 시작했고, 곧 베티의 남편도 여기에 동참하게 되었다. 두 가정은 아이들을 양육하는 문제에 있어서 서로 협력했고 만족스러워 했다. 아이들에 대한 의논에 어른 넷이 모두 참여 함으로써 보다 효율적인 부모역할 제휴를 형성할 수 있었다. 각 가정간의 경계가 분명하게 확립되면서 모든 어른들은 필요한 양육문제를 처리하는데 있어서 감정적으로 자유롭게 되었다.

통제력 문제

2장에서 우리는 어느 정도의 통제력을 가질 수 있는 위치에 있고 싶어 하는 인간의 기본적 욕구에 대해 이야기 했다. 또한 이러한 요구에 부응하지 못하는 복합가족의 구조에 대해서도 지적한 바 있다. 사실, 복합가족이 상담을 요청하게 되는 세 가지 주요 문제는 주도권과 관련되어 있다. (1) 전 배우자와의 관계 (2) 의붓자식들과 관련된 규율 문제 (3) 용납될 수 없는 아이들의 행동(Pasley 등, 1996). 아이들의 행동과 관련된 몇 가지 예를 이미 제시한 바 있다. 여기서는 다른 두 가지 문제에 대하여 논의한다.

(1) 전 배우자와의 관계

복합가족의 아이들은 다른 곳에 친부(모)가 있다. 만약 그 친부(모)가 돌아가셨다면 추억이 복합가족 가정에 커다란 영향을 미치게 된다. 만약 살아있다면 다양한 상호작용을 통해 두 가정 모두의 자율권이 감소된다. 양육권이 양쪽에 함께 주어져 있을 경우에는 두 가정 사이에 보다 균형 잡힌 주도권 구도가 형성될 수 있는 반면, 한쪽 친부(모)가 '함께 사는 부(모)'이고 다른 쪽이 비거주 또는 비양육 부(모)인 경우에는 '함께 사는 가정' 이 보통 더 큰 주도권을 가지게 된다. 한 예를 들어보자. 어떤 재혼한 아버지가 자신이 아이들을 돌보기로 한 주말에 전처가 아이들을 데려가려 하자 그녀 차의 문 손잡이를 잡고 놓아주려 하지 않았다. 차가 움직이면서 속도를 내기 시작했음에도 그는 계속해서 저항하며 차 문을 열려고 시도했다. 다행히 다친 사람은 없었다. 그러나 이 아버지는 자기가 겪고 있는 무력감 때문에 이처럼 비효율적이고 현명하지 못한 반응을 보였다. 핵가족에서는 가족을 위한 결정을 내릴 때 다른 가정을 고려할 필요가 없지만, 재혼가족은 아이들의 다른 가정과 함께 계획을 세워야 하는 경우가 자주 있다. 예를 들어 여름휴가 계획을 세우는 일에 두 가정간의 합의가 필요할 수도 있고, 아이를 상담에 데려올 때 다른 가정에 있는 친부(모)의 허락이 필요할 수도 있다. 안타깝게도 많은 어른들이 이러한 자율권의 상실에 대해 필요이상으로 주도권을 포기하는 식으로 반응한다. 이러한 경우 어른들이 자신이 가진 권리를 생산적으로 사용할 수 있도록 돕는 게 치료 과제가 된다. 윌과 칼라 역시 그런 부부였다.

윌과 칼라는 삼 년 전에 결혼했다. 윌에게는 아홉 살짜리 로라와 열 한 살짜리 찰리, 두 아이가 있었는데 아이들은 대부분의 시간을 친 엄마인 쥬디와 함께 지내고 있었다. 친아버지와 의붓어머니는 주말에 아이들을 만났고, 여름에는 두 주 동안 함께 지냈다. 매해 여름휴가계획을 세우는 일을 둘러싸고 두 집 사이에 엄청난 힘겨루기가 벌어졌다. 이런 다툼 때문에 지난 삼 년 동안 윌과 칼라는 충분한 기간을 두고 미리 휴가 계획을 세우는 일이 불가능했다. 어떤 계획을 세우든 쥬디가 훼

방을 놓았고, 해가 거듭될수록 그들은 더욱 화가 났다. 부부가 도움을 구하자, 사회복지사는 두 가정의 친부모가 함께 치료에 참여해서 문제를 해결하도록 권유했다. 윌과 칼라는 이를 원하지 않았으나 치료적 도움은 받아들였고, 다음의 방법으로 상황을 보다 잘 조절할 수 있게 되었다. 그들은 여름 동안의 약속을 검토한 후 휴가를 가기에 적절한 세 시기를 정할 수 있었다. 쥬디는 집에서 일했으며, 자신의 스케줄에 따라 일하고 있었으므로, 칼라와 윌은 쥬디가 여름 일정을 결정하는데 별 어려움이 없을 거라고 생각했다. 그들은 쥬디가 아이들 없이 혼자 지내는 2주를 감사하게 생각한다고 믿고 있었다. 이러한 이유로, 윌은 쥬디가 아이들이 떠나있는 것이 그녀에게도 편리할 수 있는 기간을 고를 수 있으리라고 생각했다. 윌은 매우 긴장했다. 만약 쥬디가 여름휴가계획 방식을 바꾸는 데 있어 주도권을 빼앗겼다고 생각하여 그에게 화를 내고, 아이들과 함께 하는 시간을 앗아 갈까 봐 두려웠기 때문이다. 그러나 그는 이러한 위협을 무릅쓸 필요가 있다는 것을 깨달았다. 상실에 대한 두려움 때문에 아이들과 관련된 상황에서 그가 발휘할 수 있는 적절한 통제력이 감소되고 있었다. 대개 전화 통화보다는 편지가 더 좋은 방법 같았다.

4월 23일

쥬디에게,

알다시피, 우리는 지난 몇 년간 로라와 찰리와의 적절한 휴가기간을 정하는데 어려움을 겪어왔소. 이번에는 전보다 빨리 계획을 세우는 것이 도움이 될까 하여 우리는 여름 동안 일과 관련된 계획에 대해서는 스케줄을 미리 정해 놓았소. 그리하여 아이들 방학 동안 우리에게 가능한 휴가기간이 언제인지 알 수 있게 되었소. 6/21~7/5. 7/6~7/31, 8/6~8/21이 가능한 날짜라오. 우리는 아이들과 함께 휴가를 보내기를 매우 기대하고 있고, 우리가 제시한 기간들이 당신에게도 편한 시간이 될 수 있기를 바라오. 당신이 이 기간 중 어느 것도 적절하지 않다고 한다면, 아이들 없이 휴가를 가는 것은 우리에게 매우 실망스런 일이 되겠지만, 그래도 올해는 이렇게 해야만 할 것 같소. 만약 이 중에 맞는 시간이 있다면 5월 25일까지 알려주기 바라오. 이 때까지만 우리가 휴가기간을 바꿀 수 있기 때문이오.

잘 지내요.

윌로부터.

쥬디는 윌과 칼라가 바라던 대로의 반응을 나타냈고, 두 집 사이에서 항상 벌어지던 말싸움이나 긴장감 없이 휴가 계획도 잘 결정할 수 있었다. 칼라와 윌은 무력감을 덜 느끼게 되었으며, 이후 그들은 주디와 보다 효율적인 협상을 할 수 있었다.

(2) 복합가정의 규율

규율문제는 복합가정에서 가장 골치 아픈 사안중의 하나로 떠오르고 있다. 기본적으로, 이 문제의 발생은 성 역할에 대한 고정관념과 의붓부(모)가 의붓자식들과 긍정적인 관계를 발전시키기 전에는 그들과의 유대에서 주도권을 갖기 힘 들다는 사실에 대한 인식 부족에서 비롯된다.

초혼 가정에서는 가족 관계에서 자연적으로 발생한 권력을 부여 받고 부모가 부모로서의 역할을 수행한다. 복합가정에서는 의붓부모가 가정에 합류할 때 그러한 위엄이 없는 상태이며, 가정 내에서 노력을 통해서만 이런 종류의 권력을 "얻어" 낼 수 있다. 복합가족이 초혼 부부들보다 더 평등한 관계를 이루고 있다는 것이 알려져 있음에도 불구하고, 이러한 가정에서조차 많은 여성들은 여전히 자신이 의붓자식들과의 관계에서 제한된 역할만을 담당할 수 있을 거라고 생각하며, 남편들 또한 그렇게 생각하는 경우가 있다. 관계가 충분히 발전할 때까지는 이런 생각이 가정 내에 실망과 긴장을 초래한다. 아이들이 의붓부(모)의 기분에 대해 신경 쓰게 되기 전까지는 이들은 아이들 문제에 관한 한 권한이 거의 없거나 아예 없다. 아이들을 책임지게 되는 것은 결국 친부모가 된다. 다음의 예에서 이런 문제를 잘 보여준다.

　　　지니가 상담 예약을 위해 전화했다. 그녀와 남편 사이에 점점 커져 가는 거리감에 대해 우울한 생각이 들고 화가 났을 뿐 아니라 걱정이 되었기 때문이었다. 첫 번째 상담 동안 치료자는 다음과 같은 정보를 얻을 수 있었다.
　　　지니와 탐은 결혼 십 개월 된 부부다. 지니는 전에 결혼한 적이 없고, 탐에게는 열 한 살 난 로라와 여덟 살짜리 니키라는 두 아이가 있었다. 아이들의 친어머니는 우울증으로 여러 번 입원했었고, 아이들은 이혼 직후부터 탐과 살고 있었다. 탐은 아이들을 교육시키는 일을 싫어했으며, 재혼할 때 지니가 이 일을 맡아 주기를 바란다는 것을 분명히 했다. 지니는 아이들을 사랑했고 아이들의 "엄마"가 되기를 고대하고 있었다. 하지만 생각만큼 잘 풀리지는 않았다.
　　　로라와 니키는 지니에게 무례하게 굴었고 그녀의 말을 잘 따르지 않았다. 지니가 남편에게 불평을 하자 탐은 아이들과 이야기를 나누게 되었는데, 아이들이 의붓어머니와의 관계에 대해 너무나 부정적으로 묘사하여 탐은 아내가 아이들을 기르는데 있어 조언이 필요하다고 여기게 되었다. 그는 도서관에서 양육에 관한 두 권의 책을 빌려와서 지니에게 읽도록 했다. 그러나 상황이 개선되기는커녕 지니와 아이들의 관계 뿐 아니라 그녀와 남편의 관계까지 악화시켰고, 탐이 지니로부터 멀어져 아이들의 편을 들게 되자 그녀는 도움을 호소할 곳이 없게 되었다.

치료자는 지니와 몇 시간에 걸친 단독 상담을 실시했다. 그녀의 자신감은 흔들리고 있었고, "다 자란 아이들" 부모 노릇을 어느 날 갑자기 해낼 수 있으리라는 그녀의 기대가 비현실적이라는 것을 깨달을 필요가 있었다. 의붓부(모)에게 자신의 아이들이 이미 있는 경우라고 할지라도, 의붓부모들은 복합가족 환경에 매우 점진적으로 적응해야 한다는 것을 알려주었고, 의붓자식들을 교육시키는 역할을 지니가 맡지 않아야 하는 이유를 이해하는 데 도움이 되는 책을 몇 권 추천했다.

몇 차례 상담 후 치료자는 부부가 함께 만날 것을 제안했고, 지니의 허락을 받아 탐에게 전화해서 다음 상담시간에 아내와 함께 와 줄 수 있는지를 물었다. 탐은 기꺼이 응했고, 치료자는 아이들을 양육하는 문제로 대화를 유도했다. 탐은 그의 어머니가 가정을 통제하는 가족 속에서 자랐고 그의 아버지는 일 중독자로 아이들과 매우 피상적인 관계만을 유지했을 뿐이었다. 탐은 자식들과의 관계에 적극적인 아버지상을 갖고 있지 못했으며, 치료자가 이 주제와 관련해 제시하는 사안에 거부감을 나타냈다. 그러나, 탐은 지니가 읽어보고 매우 도움이 되었다고 말한 복합가정에 대한 책은 기꺼이 읽어보겠다고 하였다.

다음 번 상담 시간에 탐은 지니가 다른 일로 바쁜 동안 로라와 니키를 동물원에 데려가 즐거운 시간을 가졌다고 했다. 그는 다소 열정적으로 "그 책에서 우리와 같은 가족에서는 내가 아이들을 교육시켜야만 한다더군요."라고 하였다(어떤 사람들에게는 책에 있는 말들이 치료자의 말보다 더 큰 권위를 갖는다). 치료자는 이에 동의했고, 이것이 그들 가정에 어떤 의미가 될 수 있을지 함께 토론했다.

이 가족에서는 탐이 변하여 아이들의 교육을 맡겠다고 하면서부터 상황이 호전되었고 부부 사이도 회복됐다. 그러나, 아이들은 여전히 기분 나빠했으므로 치료자는 탐, 지니와 함께 아이들을 만나 몇 차례 상담시간을 가졌다. 아이들은 지니를 좋아하기 시작하고 있었고 친엄마에게 죄책감을 느끼고 있었다. 그들은 그들의 삶에 존재하는 세 명의 부모 모두를 배려하는데 있어서 아버지와 의붓어머니의 지지를 필요로 했으며, 겨우 몇 마일 밖에 안 되는 곳에 살고 있는 친어머니와 더 많이 만날 필요가 있었다. 이들이 만나는 횟수가 증가하자 가정내의 긴장감은 한층 감소하였다.

물론, 의붓부(모)가 아이들과 함께 있을 수 있는 유일한 어른이 될 수 밖에 없는 때도 있을 수 있다. 이럴 때 유용한 방법은 친부(모)가 가족을 한자리에 모아 놓고 아이들에게 다음과 같이 말함으로써 의붓부(모)에게 권위를 옮겨주는 것이다. "모두 집안의 규칙을 잘 알고 있지? 내가 집에 없고 새 엄마만 계실 때는 새 엄마가 집안의 책임자다. 나는 너희들이 새 엄마 말씀을 잘 따라주기를 바란단다."

친부(모)가 없을 때 의붓부(모)가 어떤 상황을 처리했는데, 그 방식이 친부(모)의 마음에 들지 않을 때에도 친부(모)는 아이들 앞에서는 의붓부(모)를 지지할 필요가 있다. 그 이후에 부부끼리만 있게 될 때 앞으로 있을 유사한 상황에 대처하는 다른 방식에 대해 이야기를 나누도록 한다. 의붓부(모)와 의붓자식이 서로 존중하는 관계를 형성해 나감에 따라, 의붓부(모)는 서서히 독립적으로 아이들을 교육할 수 있는 역할을 찾게 될 수 있다.

친밀감/거리감

복합가족에게는 관계에 대한 자의식과 죄책감을 느끼는 성향이 존재한다. 의붓자식을 사랑하지 않는 경우에도 죄책감을 느끼게 되고, 의붓자식을 사랑한다고 해도 죄책감을 느낀다. 아마도 자신의 친자식에게 줄 사랑을 의붓자식에게 주었다고 생각하기 때문일 것이다. 의붓 형제끼리도 감정적으로 가까워질까봐 서로 다투게 된다.

친부모와 자식은 아기가 태어날 때부터 함께 살아온 반면, 의붓형제들과 의붓부모들은 만난 지 채 몇 개월도 안 됐을 수도 있다. 초혼 가정에서는 부모 자식 관계가 일상적으로 당연하게 받아들여지지만, 재혼 가정에서 그들은 가족구성원 뿐만 아니라 이웃과 친구들에게까지 관찰과 분석의 대상이 되고 종종 비난받기도 한다. 친부(모)는 새 배우자에게 아이들을 사랑하도록 압력을 가하기도 하고, 아이들은 의붓부(모)를 배려하거나 사랑하도록 요구받는다. 사실, 많은 어른들이 아이들에게 의붓부(모)를 "엄마"나 "아빠"같은 친밀한 호칭으로 부르도록 강요한다. 이런 호칭을 약간 변형시킨 "Bill 아빠" 등은 어린 아이들에게는 통할 수 있겠으나 더 나이든 아이들은 이를 다른 쪽 친부(모)를 포기하라는 요구로 생각할 수 있다. 서른 네 살 된 한 남자는 어린시절 의붓어머니와의 관계에 대해 다음과 같이 말했다. "몇 년 동안 우리는 정말 잘 지냈어요. 하지만 그녀가 저에게 "어머니"라고 불러달라고 하자, 그 날부터 우리 사이는 매우 어색하고 불편하게 되었죠."

반대로, 어떤 아이들은 의붓부(모)에게 "엄마"나 "아빠" 또는 그 비슷한 호칭으로 불러도 되는지 묻기도 한다. 만약 의붓부(모)가 이 요청을 거절하면, 아이들은 거부당한 듯한 느낌이 들어 당황하게 된다고 한다. 이는 단순한 문제가 아니라 치료상담에서 매우 중요한 논의의 주제가 될 수 있다. 양육권이 없는 친부(모) 입장에서는 다른 어른이 자기 자식에게 "아빠"라고 부르게 하는 것을 보면 기분이 상할 수 있고, 아이는 의붓부(모)에게 형식적인 호칭만을 사용함으로써 친부(모)를 거부하지 않을 수 있다. 이 문제에서는 가족이 아이들의 의견을 따르도록 돕는 것이 매우 중요한 고려사항이 되어야 한다. 사실 치료자는 이런 유형의 가족을 상담할 때 적절한 용어를 사용하도록 조심할 필요가 있다. 한 주의깊은 치료자는 두 명의 아이가 있는 부인과 세 명의 아이가 있는 남편으로 구성된 가족과의 첫 만남에서 각 가족 구성원들의 관심사에 대해 질문하기 시작했다. "의붓부(모)를 어떻게 부르고 있지?"라고 아이들에게 사무적인 태도로 질문했고, 아이들의 대답을 들은 뒤(아이들은 모두 의붓부(모)를 이름으로 불렀다) 어른들에게 이를 이야기할 때는 적절한 방식으로 전달하도록 주의를 기울였다.

같은 상담기간 중에, 열 여섯 살 짜리 딸아이는 열 살 된 의붓형제가 친밀하게 느껴지고 안아주고 싶다며, 그래도 되는지 잘 모르겠다고 말했다. 치료자가 그 동생에게 의붓누나가 자신을 안아준다면 어떤 기분이 들겠느냐고 묻자마자 소년은 의자에서 떨어져 버렸다! 새로운 관계에서의 불편함과 이런 반응의 당연성은 치료적 상관관계에서 중요한 주제가 될 수 있다.

　더욱 문제가 되는 것은 함께 자라지 않았으나 어느 날 갑자기 한 가정 안에서 살게 되었을 때 성별이 다른 10대 아이들이 느끼게 되는 감정이다. 이들은 친부모와 함께 사는 비슷한 또래의 아이들에 비해 쉽게 성적으로 흥분된다. 이제 막 서로를 알아 가는 과정에 있는 아이들과 아직도 "신혼 기분"에 젖어있는 새 부부가 함께 살게 되는 경우, 종종 어른들은 집 안에서 옷을 어떻게 입어야 할지 등에 대한 새로운 규칙을 세우거나, 아이들에게 가능한 한 사생활을 보장해 줌으로써 아이들을 돕는 일의 중요성에 대해 깨닫지 못한다. 아이들은 애정어린 부부 관계에 대한 모델을 필요로 하지만, 부부가 침실 밖에서 열정을 표현하는 것은 별

도움이 되지 못한다. 복합가족에서는 많은 다른 유형의 가족에서 보다 성적인 끌림이 더 자주 발생한다. 감정적인 환경과 의붓형제 간에 허물없는 관계가 형성되어 있지 않기 때문이다. 치료 시 이러한 가능성을 인지하고 감정과 행동을 감별하는 일은 중요하다. 만약 성적인 감정이 행동으로 옮겨진다면 가정에 파괴적으로 작용할 수 있다. 의붓형제간의 이러한 관계는 법적으로는 근친상간이 아니지만, Margaret Mead가 언급한 바와 같이 가족의 역할기대가 무시되는 것이 바로 가정의 근친상간이다.

십대들과의 솔직한 토론은, 그것이 적절한 경우, 금지되고 비밀스러운 감정에 대한 유혹을 감소시킬 수 있다. 십 대의 의붓형제들이 서로 좋아하게 된 후 청소년들 사이에서 흔히 있을 수 있는 문제들 때문에 진도가 잘 나가지 않는 경우, 양쪽 어른이 두 청소년 모두와 관련되어 있기 때문에 이들 십대는 그들의 감정에 대해 의논할 상대가 없어 막다른 골목에 처해있는 자신을 발견하게 된다. 이러한 유형의 상황은 분명히 발생하고 있고, 치료적 도움은 젊은이들이 이해 받을 수 있게 할 뿐 아니라 그 가족이 보다 적합한 생활 규칙과 행동지침을 마련할 수 있도록 돕는데 매우 유익하다. 예를 들어 어떤 가족에서는 스무 살의 젊은이가 열 일곱 살 짜리 의붓여동생과 좋아하게 되었다. 그는 직장에 다니고 있었으므로 어른들은 그에게 작은 아파트를 얻어 주고 이사하도록 했다. 그와 의붓여동생은 계속 만났지만 세 어린 동생들과 함께 있는 집안에서는 만나지 않도록 했다. 또 다른 복합가정에서는 거실을 침실로 개조해서 16세 소녀가 열 일곱 먹은 의붓오빠와 같은 욕실을 사용하지 않을 수 있도록 했다.

다른 복합가정에서는 시간이 지남에 따라 진정으로 서로를 사랑하는 관계가 부모와 아이들간에 형성될 수 있고 또 실제로 형성되기도 한다. 서로에 대한 유대감이 자연스럽게 형성되도록 하는 일은 보다 영구적인 관계를 형성할 가능성을 높이는 반면, 서로를 배려하는 척 하도록 압력을 가하는 일은 오히려 애정 어린 관계가 자라나는 것을 늦춘다. 시간이 흐르면, 의붓형제들간의 유대감은 함께 자란 아이들이 성장한 후의 삶에 매우 중요한 요소가 될 수 있으며, 아이들은 자신들이 젊은 어른이 되어 혼자 살게 되었을 때라야 비로소 의붓부모에 대해 따뜻한 마음을 가지게 되곤 한다. 또 다른 경우, 성인이 되어 과거를 돌아보고 한 젊은 여인이 말한 것과 같은 감정을 갖게 되기도 한다. "저는 복합가정에서 자라 참 다행이에요. 왜냐하면 두 개의 가정에 속할 수 있었고 저를 사랑해 주는 부모님이 네 분이나 계셨으니까요."

부모 자식 관계

핵가족에서의 어머니, 아버지, 아이들 관계는 다른 가족관계를 판단할 수 있는 긍정적인 가치기준으로 여겨지고 있다. 핵가족에서의 관계도 다른 유형의 가족과 마찬가지로 매우 긍정적인 관계에서부터 매우 부정적인 관계까지를 모두 보여 줄 수 있다는 사실에도 불구하고 지금까지 그래왔다.

불행히도, 핵가족의 완전성에 대한 신화 때문에 많은 복합가족 부모들은 의붓관계의 중요성과 따뜻함을 과소평가 하게 되었다. 이러한 의붓관계는 가족 구성원들 사이에서 신화적인 기준에서 다소 동떨어진 것으로 간주되었으며, 사회에서는 이를 "정상적인" 가족 관계와 비교해서 "서로를 돌봐 주지 않는" 관계로 간주했다.

의붓관계가 가까워지면, 많은 사람들은 그들의 위상이 변화되었다고 여겼다. "의붓"이라는 호칭은 옳지 못한 것으로 여겨지고 일반적으로는 "그녀는 이제 내 딸이야(혹은 아들이야)"라고 표현한다. 유사한 예로 최근 한 신문 사설에서는 우리의 논문에서 다음과 같은 내용을 허가도 없이 편집하여 실었다. '성공적이고 따뜻한 "복합가정"이 되었다'를 '성공적이고 따뜻한 "가족"

이 되었다'로 바꿨다. 복합가족들은 의붓관계가 실제 핵가족에서의 관계처럼 매우 긍정적일 수도, 매우 부정적일 수도 있음을 알 필요가 있다. 그렇게 되면 그러한 의붓관계의 질을 덜 분석적이고 덜 비판적으로 바라보게 되어 보다 긍정적으로 받아들일 수 있게 될 것이다.

복합가정내 아동학대

　신체적, 성적 아동학대는 매우 중요한 관심의 대상이 되고 있다. 사회적으로 아동학대가 만연되어 있다는 사실에 대한 인식이 증가되고 있기 때문이다. 복합가정의 신체적 학대에 대한 한 연구(Giles-Sims, 1995)는 이러한 가족에서 학대에 대한 동의가 부족하다는 점을 지적하고 있다. 그러나 자료가 보고된 사례들로부터 얻어진 연구들만을 참조했을 때, 핵가족에서보다 복합가정에서 아이들이 신체적 학대를 당할 위험이 높다는데 대한 공감대가 형성된다. 재혼 가정은 더욱 복잡하기 때문에 이 중요한 문제를 명백하게 설명하기 위해 더 많은 연구가 필요하다. 예를 들어, 아이들이 학대의 위험에 놓여있는 복합가정들의 특징을 지적한 연구가 전혀 없다. 재혼 가정에서는 가족간의 충성심이 부족하기 때문에 의붓가족 간의 학대에 대한 보고가 초혼 가족에서의 학대보고보다 더 많이 이루어질 수 있다. 또한 만약 전 배우자 사이에 적대감이 남아 있거나, 의붓자식이 의붓부(모)에 대해 적대감을 갖고 있는 경우 신체적 학대가 허위로 보고될 수 있다. Finkelhor(1994)는 대부분의 연구가 복합가정 내에서의 높은 빈도수를 지적하고 있다고 보고했다. 신체적, 성적 학대에 대한 이러한 자료는 치료자가 복합가정 내의 아동학대의 가능성에 대해 인지할 필요가 있다는 것을 보여주고, 동시에 이들이 이러한 주장을 둘러싼 추가적인 복잡성을 인식하고 있어야 한다는 것을 제시한다. 한 복합가정에서는 열 다섯 살 난 딸이 의붓아버지에게 화가 나서 말다툼을 하다가 그가 팔을 움켜쥐었다고 말했다. 그녀는 의붓아버지가 자신을 신체적으로 학대했다고 말했지만 그녀의 팔은 멍이 들거나 자욱이 남아있지 않았으므로 그 주장은 가짜로 간주되어 고소가 취하되었다.

　부부가 좋은 관계를 형성하도록 돕고 아버지와 의붓아버지의 아이들에 대한 양육 능력을 강화시키는 일은 학대를 예방할 수 있게 한다. 학대가 발생했거나 발생하고 있는 가족들을 다루는 일은 많은 관심이 쏠리고 있는 치료 분야이며 이 책의 범주를 넘어서는 것이기도 하다. 많은 지역 사회에서 학대 가족들을 돕기 위해 치료자와 상담사 전문 양성 프로그램을 마련하고 있다.

결론

이 장에서 논의된 여덟 가지 문제들과 2장에서 다뤘던 기본적인 정신적 욕구들의 충족간에 관련이 있다는 사실은 그다지 놀라운 일이 아닐 것이다. 앞에서 언급했듯이, 복합가정의 구조 상 세 가지 기본적 욕구들 즉, 인정 받고 사랑 받고 싶은 욕구, 소속되고 싶은 욕구, 자신의 삶에 대해 통제력을 갖고 싶은 욕구 등을 충족시키기가 매우 어렵다.

이러한 욕구를 충족시키는 과정에 존재하는 많은 장애들은 이 장에서 제시한 문제점들의 범주에 놓여 있다. 따라서 이러한 문제들을 성공적으로 다루게 되면 그러한 기본적 욕구에 접근할 수 있는 기초를 이룰 수 있다. 이어지는 관련성에 대한 설명을 통해 이 장의 내용과 위에 언급한 중요한 정신적 욕구들 사이의 관계를 분명히 확인할 수 있다.

대부분의 새 복합가족에게는 '비현실적 믿음'이 공통적으로 존재한다. 이 믿음은 사고방식에 스며들어 많은 고민거리를 만드는데, 기본적인 정신적 욕구들이 단기간에 적절하게 충족될 것이라는 기대감과 관련되어 있기 때문이다. 즉, 복합가족 간에 거의 즉각적인 배려와 보살핌이 생겨날 것이며, 비교적 빨리 가정이 자리를 잡고 잘 관리될 수 있을 것으로 기대하는 것이다.

　다른 문제점들은 각각 보다 구체적으로 특정한 욕구와 관련시킬 수 있다.

1. 변화와 상실, 충성심 갈등, 인생주기의 불일치, 친밀감과 거리감은 모두 상실 또는 중요한 관계의 상실과 관련되어 있으며, 이해 받고 싶고 인정 받고 사랑 받고 싶은 욕구를 동반한다.
2. 내부자 또는 외부자가 되는 것은 소속감과 밀접하게 관련되어 있다.
3. 통제력 문제와 경계 문제는 자신의 삶에 있어 중요한 상황에서 통제력을 갖고자 하는 욕구와 밀접하게 관련되어 있다.

　복합가족이 상담치료를 받게 되는 많은 고민들은 이 장을 통해 묘사된 문제점과 관련이 있다. 이러한 고민들을 기본적 감정 욕구를 충족시키는데 있어서의 문제점으로 인식하는 것은 가족 구성원들에게 매우 유용하다. 그렇게 함으로써 자신들의 불편함의 근원을 이해하고, 서로에게 주의를 기울이는 법을 배우며, 복합가족의 삶에 존재하는 많은 도전을 해결하는 창조적 방법을 찾아낼 수 있도록 도울 수 있다.

5

중재

복합가정 치료 시 특히 유용한 중재방식을 구체적으로 알아보자. 제 1장에서 제시한 치료 연구 과제를 자세히 분석한 결과, 응답자들은 이 책에 포함된 거의 모든 중재방식을 치료적인 것으로 인식하고 있었으나, 재구성하기나 자존심 높이기와 같은 몇 가지에 대해서는 그렇지 못했다. 가장 인정 받는 중재방식은 인정, 정상화, 부부 관계 강화, 정신교육, 무력감 감소 등이다. 인정과 정상화에 대해서는 "자존심 높이기"와 "상실을 인식하고 수용하도록 돕기", "현실적 기대를 명료화하기"라는 제목으로 다룰 것이다. 부부 관계 강화, 정신교육, 무력감 감소에 대해서는 각각의 제목으로 다룰 것이다. 다른 가족을 예로 든 경우도 있지만, 코헨 가족은 여러 사례에서 인용되므로 가족 구성도를 제시한다(도표 5.1).

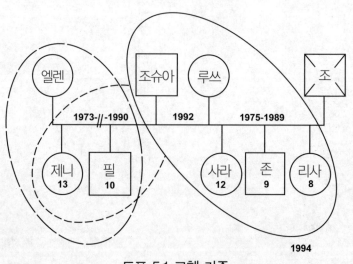

도표 5.1 코헨 가족

152

루쓰와 조슈아는 결혼 2년 째였다. 조슈아와 그의 전처 엘렌은 1973년부터 1990년까지 17년 간 결혼 생활을 했고, 이혼 후에 아이들(제니와 필)은 엄마와 살면서 한 달에 두 번의 주말을 아빠와 보냈다. 루쓰의 첫 남편 조는 14년 간 같이 살다가 1989년에 사망했다. 아이들(사라와 존, 그리고 리사)은 엄마인 루쓰와 살았다. 조슈아와 루쓰의 부모 형제들은 이 부부와 이천 마일도 더 떨어진 곳에서 살고 있다. 이 장에서 계속 언급할 인물들 간의 관계를 분명히 알 수 있도록 간략한 가족 구성도를 제시하였다.

　2년 간 같이 살았지만 가정은 여전히 혼란스러울 때가 많았다. 루쓰는 이런 거북함이 자기 때문이라고 느꼈고, 조슈아는 아내에게 책임을 떠넘기는 식이었다. 루쓰가 치료자에게 전화 문의 후 치료를 시작하게 되었다. 처음 한 두 번은 혼자 왔고 대부분 조슈아와 동행했다. 부부가 한 팀으로서 호흡이 잘 맞기 시작하자, 자녀들도 몇 차례 참여시켰다. 엘렌은 치료자와 이야기하고 싶어하지 않았다. 만족스런 통합에 이르지 못하고 정체된 상태로 치료를 받게 된 다른 많은 재혼 가정들처럼, 코헨 가족도 지지와 깨달음을 통해 안정되었고 앞으로 나아갈 수 있었다. 앞으로 제시하는 각각의 사례는 그 자체로도 이해가 될 수 있지만, 이번 장 전체에 걸쳐 코헨 가족을 예로 들 때면 가족 구성도를 다시 볼 필요가 있을 것이다.

자존심 높이기

    치료자의 이해를 얻지 못했던 세 아이의 의붓엄마인 줄리아가
보낸 편지에 치료적 수용과 지지의 중요성이 잘 나타나 있다. 편
지 내용은 다음과 같다.

> 저는 오 년간 결혼 생활을 하고 있지만 제가 낳은 아이는 없
> 고, 십대 의붓자녀 셋 만 있습니다. 저는 전문직을 가지고 있
> 었는데, 갑자기 일을 감당할 수 없었습니다. 칠 개월째 치료
> 를 받고 있으며, 잠깐 병원에 입원하기도 했습니다. 제 생활
> 은 산산이 부서졌습니다. 그 때 재혼 가정에 관한 책을 읽었
> 는데, 처음 37쪽까지 읽으면서 "어머나, 나는 미친 게 아니
> 야!"라고 확인할 수 있었습니다.
> 제가 생각컨대 훌륭한 치료자조차도 (환자에게) 무슨 일이
> 일어나고 있는지 잘 모릅니다. 제 기분을 인정해 주지 않아
> 서 스스로 엄청나게 약한 사람이라 느끼게 만들었다는 점을
> 치료자에게 말했습니다. 또한 치료자는 제 마음을 사로 잡고
> 있는 것이 무엇인지 저 자신이 알고 있다고 말하곤 했습니
> 다. 그 책에서 그렇지 않다고 기술한 부분을 치료자에게 보
> 여주었습니다. 제 정체성은 모두 사라졌습니다. 치료자는 제
> 가 우리 가족을 핵가족으로 생각하도록 노력했지만, 저는 결

코 '어머니'*가 아니에요. 저는 부모 자격의 조력자일 뿐입니다.

스스로 치료를 계속할 예정이지만, 재혼 가정에 대해 잘 알고 있는 누군가의 도움이 필요합니다.

루쓰 코헨은 치료적 상호작용이 자존심을 어떻게 높여 주는지 보여주는 좋은 예이다. 치료를 받으면서 루쓰는 새 가정을 좀 더 현실적으로 바라보기 시작했고, 이런 재인식을 통해 우울감과 무력감을 극복할 수 있었다. 집안을 혼자서만 꾸려갈 수 없다는 사실을 받아들였다. 자존심이 높아지면서 더 이상 자신이 잘못 되었다는 생각을 하지 않게 되었다. 이전에는 집안문제를 루쓰 자신의 탓으로 돌렸고, 남편 조슈아 역시 자존심을 지키기 위하여 아내를 비난했었다.

루쓰는 분노나 자책감 없이 조슈아와 대화할 수 있게 되었고, 가정의 문제를 함께 헤쳐 나가기 시작했다.

---

*역주: 친 어머니

상실을 인식하고 수용하도록 돕기
Assist with Recognition and Acceptance of Losses

치료자는 내담자가 인식하고 있는 상실을 말할 때 충분한 관심을 쏟으면서 한편으로는 인식하지 못한 상실을 탐색하는 데 주의를 기울여야 한다. 4장에서 이미 복합가정의 난제 중 이 중요한 문제를 다룬 바 있는데 이번 장에서 좀 더 논의하고자 한다.

성인들은 가족 단위를 새롭게 꾸리기를 원하게 되는데, 그러다 보면 지속되어온 상실을 모르기 쉽다. 슬픔을 느낄 때 사람들은 심리적 문제가 생긴 신호라고 믿는다. 어떤 부인이 물었다. "결혼하면 행복하다는데 나는 왜 이리도 슬픈 건가요?"

상실을 알아보기 위해서는 적절한 정보가 필요하다. 예를 들어, 치료자는 이렇게 물어볼 수 있어야 한다.

1. 새로운 거주지나 주택, 아파트로 옮겼나요?
2. 최근 결혼 이전에 누구와 함께 살았나요?
3. 현재 당신의 가정에 누가 있나요?
4. 직업을 바꿨나요?
5. 재혼할 때 이런 것 외의 다른 변화가 있었나요?

마시와 찰스는 뉴멕시코의 알버커크에서 결혼 했는데, 군인인 찰스가 이제 막 그곳으로 발령을 받았기 때문이었다. 마시와 그녀의 자녀들은 애리조나에서 살아왔고, 찰스의 가족은 텍사스로부터 왔다. 부모의 결혼 때문에 아이들이 모두 알버커크로 왔다. 그러나 곧 찰스의 딸들은 텍사스로 돌아갔고, 마시의 두 딸도 애리조나를 향해 떠났다. 각각 아들 한 명씩만 같이 살기 위해 남았다. 이 부부의 주요한 상실을 파악하는 것은 어렵지 않다. 이들은 익숙한 가정, 익숙한 도시와 학교, 쇼핑 구역, 작업장, 세 명의 자식들과 함께 할 시간을 잃어버렸다. 새로운 의사, 치과의사, 미용사를 찾아야 하고, 편안한 혼자만의 시간과 부부가 일대일로 있을 시간과 어른-아이가 일대일로 마주할 시간도 있어야 한다. 함께 이야기를 나눌 친구도 있어야겠고, 아이들은 새로운 이웃에서 또래들을 찾아야 하며, 익숙한 여가 활동도 필요하다.

어른들은 중요하게 생각하지 않지만 아이들에게는 그들만의 특별한 상실이 있다.

- 형제자매나 의붓형제자매들과 방을 함께 써야 하는 것
- 수면 시간의 변화
- 식생활의 변화
- 가족 내 서열의 변화
- 부모와의 교류가 줄어드는 것
- 가족 내 역할의 변화

게다가 어른들은 재혼 후에 아이들이 책임이 줄어든 것에 감

사할 것이라고 믿곤 한다. 어떤 경우에는 맞지만, 많은 경우에 아이들은 편부모 가정일 때의 위치에서 '강등' 된 것이라고 느낀다. 어른들은 아이들에게 일어나는 이러한 변화의 부정적인 측면을 이해하기 힘들어 한다. "난 아이가 집안의 (남자) 가장으로서의 지위에서 벗어나 성장기 아이로서의 정당한 역할(신분)로 돌아가는 것을 돕고 싶어요."라고 이야기한 어떤 의붓아버지처럼 말이다.

십대들이 부모의 신뢰를 받는 인물, 조력자로서의 역할을 상실할 때, 이러한 이전 역할을 인정하고 존중하며 보상해 주면서 아이들이 흔쾌히 받아들일 수 있도록 동일하거나 새로운 역할을 제공하면 그 상실을 견디기가 수월해진다. 간혹, 가족들이 이러한 역할 전환을 기념하는 공식적인 행사를 계획할 수도 있다.

편부모 가정일 때 상당 부분 가족을 책임졌던 십대에게 '시상 행사' 는 특별히 중요하다. 편부모가 재혼을 하면, 새 배우자가 이전에 청소년이 하던 역할을 대부분 맡게 될 것이다. 그러면 아이는 특별한 지위와 어른으로서의 많은 특권을 부여해 주던 역할을 상실한 '실직자' 가 되는 것이다. 설령 그것이 부담스러운 것이었다 하더라도 마찬가지이다.

그런 상황에서 청소년들, 심지어 더 어린 아이들까지도 "다시 아이가 될 수는 없어요."라고 하며 어른들과 부딪치기가 일쑤이다. 결혼 초기에 십대들의 역할을 갑자기 바꾸지 않아야 그들로부터 긍정적인 반응을 얻을 수 있다(Gamache, 1993). 역할 변화가 불가피하다면, 그들이 있는 자리에서 그들이 해왔던 지금까지의 공로를 인정하고 존중해주어 모든 가족들로 하여금 알게 하는 것이 성공의 열쇠이다. 가족 토의를 해서 어떤 변화가 필요하며, 어떻게 해야 새 역할을 만족스럽게 할 수 있을지에 대해 의논해 볼 수도 있다. 때때로 치료자들은 가족이 '퇴직자'를 위한 '시상 행사'를 계획하고 실행하는 것을 도와주는데, 이러한 행사는 아이가 고마워할 만한 '상'을 줌으로써 마무리된다 (Coale, 1993).

어떤 사람들은 재혼한 뒤에 이전 가정에서 문제가 생기기 전의 따뜻하고 긍정적이었던 시간들을 잃어 버렸음을 알게 되기도 하지만, 대부분은 이전 관계의 부정적인 면에만 사로잡혀 있기 마련이다. 그 결과, 첫 결혼의 꿈이 침식 당하고 전 가정의 따뜻했던 순간들이 끝나 버린 것과 연관되어 있는 상실은 재혼 후기에 갈 때까지 표면화 되지 않는다. 많은 새로운 복합가정에서 이러한 지연은 적절한 것이다. 그러나 이런 종류의 무의식적인 상실이 현재의 파트너와 가정에 대한 불성실을 초래한다면, 이 부분에 대한 애도반응이 진행되어야 할 것이다. 새로운 부부가 그들 관계의 기초를 다질 만큼 시간이 충분하지 않았다면, 면담에서 이런 화제를 끌어내는 것이 현명하다. 결혼한지 2년 된 사람이 배우자의 12년 간의 전 결혼에 얽힌 괴로운 기억을 듣는 것은 비생산적이다!

현실적인 기대를 명료화하기
Clarify Realistic Expectations

성인들이 복합가정을 이룰 때 믿게 되는 많은 신화들이 있다. 가장 중요한 것들이 4장에 나와 있다.

1. 초창기 가정의 혼란은 빠르게 안정될 것이다
2. 의붓부모와 의붓자식은 금새 서로를 깊이 보살피게 될 것이다
3. 복합가정은 핵가족과 같아질 수 있다

이러한 신화들을 한 가지 혹은 다른 형태로 치료 상황에서 검증할 필요가 있는데, 그렇지 않을 경우 현실과 비현실적인 기대 사이의 불균형으로 인해 우울해지거나 화가 나는 일이 흔하기 때문이다. 다섯 명의 남자로 구성된 복합가정 패널에서, 그들 모두가 자신의 복합가정이 빠르게 안정될 것이라고 말했다. 심지어 어떤 이는 2주 내에 안정화 될 것으로 생각했다고 인정했다.

이들 중 두 명에게 치료는 냉정하기는 했지만 도움이 되는 경험이었다. 이러한 비현실적인 기대가 없어져서 우울해지고 화가 나는 일도 종종 있다. 루쓰는 치료자와 개인 면담을 몇 번 가지는 동안 다음과 같이 이야기했다.

치료자 : 오늘 굉장히 화가 나 보이는군요.

루쓰 : 네, 그래요.

치료자 : 무엇 때문에 화가 났는지 잘 모르겠네요.

루쓰 : 선생님은 저한테 복합가정은 초혼 가정과 특성이 다르고, 결코 같아질 수 없다고 하셨어요. 전 이번 결혼으로 완전한 가정을 가질 수 있는 기회가 다시 온 것이라 생각했기 때문에 그 이야기에 매우 화가 났어요. 제가 자랄 때 저희 가정은 너무 불행했었기 때문에, 가정을 가지고 나서 저는 항상 고모네 가정을 모델로 삼았어요. 첫 번째 결혼도 그리 좋지 못했는데, 이제 선생님은 제 가정이 결코 고모네 가정처럼 될 수는 없다고 말씀하시는군요.

가족치료를 받으러 왔을 때, 루쓰의 불안과 낮은 자존심은 '슈퍼엄마'가 되고자 하는 계속된 시도와 일부 관련이 있었다. 그녀는 치료를 '사악한 의붓엄마'가 아닌 좋은 의붓엄마가 되기 위한 담금질로 여겼다. 그녀의 노력은 열 세 살 된 의붓딸 제니에 의해 거부 당했으며, 루쓰는 그 일로 자책하고 괴로워했다. 고모를 모델로 삼으면서 '완벽한 엄마'가 되기 위해 더욱 노력했다. 그러나 실망스럽게도 가족 간의 갈등은 이외에도 많이 있었다. 이런 점에서 그녀는 복합가정의 역동에 대한 치료자의 언급을 그녀가 이루고자 했던 종류의 가정에 대한 거부로 보았던 것이다. 그 동안 바래왔던 모범적인 가정을 이룰 것이라는 기대는 물거품처럼 사라지고, 그녀는 자신에 대해 더 좋게 느끼기는커녕 오히려 우울해졌다.

치료자는 몇 번 더 어른들을 개별적으로 만났다. 이 기간 동안 루쓰의 분노를 이해한다는 점을 분명히 전했다. 그러자 루쓰는 분노 뒤에 숨어 있는 우울감을 인정할 수 있었다. 그녀는 서서히 자신과 가정 내의 다른 비현실적인 기대들을 없앨 수 있었다. 긴장을 풀고 제니와 긍정적인 관계를 맺기 위한 시도를 그만 두었다. 루쓰는 얼마 후 남편과 함께 한 면담에서 다소 놀라워하면서 가정이 더욱 편안해졌다는 것을 수긍했다. "... 그리고 제니와 나는 진정으로 함께 살기 시작했어요. 정말 놀라워요!" 조슈아는 아내의 느낌을 지지해 주었고, 그녀가 아이들과의 친밀함에 푹 빠지지 않고 뒤로 물러서려고 노력한다는 말을 덧붙였다. 코헨 가족은 다른 부분에도 도움이 필요했지만, 루쓰가 자신과 가정에 대한 좀 더 현실적인 기대를 받아 들임으로써 다른 부분들을 위한 단단한 기반을 만들 수 있었다.

부부 사이를 돈독히 하기
Strengthen the Couple Relationship

초혼 가정에서는 설령 부부 사이가 만족스럽지 않다고 해도 아이의 존재로 가정이 유지되는 경향이 있다. 재혼일 때는 그 반대이다. 즉, 아이들의 존재는 불만족스런 부부를 갈라 놓는 쪽으로 작용한다 (White와 Booth, 1985). 우리는 이것이 이해하기 어렵지 않은 것이라 생각한다. 복합가정에서는 이전에 이미 아이와 부모 사이에 강한 동맹이 존재했었고, 더 고요했던 편부모 가정으로 돌아가는 것이 바람직한 대안으로 보일 수 있다. 아이들이 재혼으로 인해 불행하다면, 부모의 죄책감과 그들에 대한 충성심이 부부를 갈라 놓을 수 있다. 그러므로 복합가정의 안정을 위해서는 따뜻하고 만족스런 부부 관계를 발전시키는 것이 필수적이다.

연구 결과 복합가정의 행복을 예측할 수 있는 것은 의붓부모와 의붓자식 간의 관계라는 것을 보여준다(Crosbie-Burnett, 1984). 그러나 부부 사이가 견고하지 않으면 이런 것이 발달할 사이도 없이 가정은 혼란에 빠질 것이다.

가정이 잘 기능하기 위해서는 부모가 팀을 이루어 가정의 문제를 다룰 수 있어야 한다. 재혼 가정에서는 이것이 어려울 수 있는데, 무엇보다도 시급한 업무가 많기 때문이다. 그 결과, 부부는 종종 그들의 관계를 풍족하게 하는데 소홀하게 되는데, 그것은 그들이 모두의 필요를 충족시키고 가정의 완전한 조화를 이루고 싶어하기 때문이다. 아이를 위해서도 자신들의 관계를 증진시켜야 한다는 것을 이해시키는 치료나 복합가정 지지 집단이 필요하다. 그렇지 않고는 가족 전체가 유지되기 힘들다.

치료 중에 있는 복합가정 부부에게 "치료와 상관없이 당신 가정에 안정을 가져다 준 가장 중요한 요소는 무엇인가요?"라고 물었을 때, 25% 이상의 응답자가 같은 대답을 했다. 부부 관계에 대해 약속을 한 것이 가장 중요했다는 것이다. 이러한 약속에 대한 예를 들어보면 다음과 같다. "남편과 아내 관계가 먼저 확립되었을 때, 우리는 한 팀이 될 수 있었다.", "부부의 시간을 고려해서 가정의 시간을 조정하기", "남편과 친밀해지기. 결혼 관계가 먼저다.", "우리의 부부 관계에 대한 완전한 약속이 첫 째였고 으뜸이었다."

돈독한 부부 관계를 위해 치료자가 어떻게 도울 것인가? 아래의 제안이 도움이 될 것이다.

1. 아이들을 배제한 부부 자신들만을 볼 수 있도록 하라. 그렇게 함으로써, 부부나 가정의 문제에 대해 부부가 함께 해결해 나갈 수 있는 기회를 잡을 수 있다.
2. 현재 가정에서는 새로운 부부가 바로 부부임을 확실히 하라. 그들은 훗날 아이들과의 관계가 줄어든 이후에도 지속될 일차적이고도 장기적인 관계를 맺고 있는 것이다. 아이들은 성장할 것이고, 성숙함에 따라 독립하여 그들 스스로의 가정을 만들어 나간다.
3. 굳건한 부부 관계는, 또 다른 이혼으로 아이에게 가정 상실의 아픔을 주는 것을 막는데 꼭 필요하다.
4. 부부가 의사 교환을 하도록 도와라. 그러면 그들은 서로를 더 잘 이해하고 공감하게 될 것이다.

5. 부부 관계를 풍부하게 하기 위해서는 개인적으로 시간을 보낼 수 있는 장소를 만드는 것이 중요하다는 것을 알게 하라.
6. 부부 관계는 아이들이 미래에 그들의 배우자와 관계를 형성하는 데 모델이 된다는 것을 강조하라.

코헨 가족이 치료를 위해 왔을 때, 첫 3개월 동안의 면담에서 치료자는 조슈아와 루쓰 부부를 함께 만났다. 루쓰는 위축되어 있었고 자신을 부적격자로 느꼈으며, 조슈아는 그녀와 아이들의 상호관계를 비난하기 시작했다. 치료자는 그 둘이 재혼 이래 아이들과 한 번에 세 시간 이상 떨어져 본 적이 없고 그 마저도 드물었음을 발견했다.

루쓰에게 특히 어려운 시간은 필과 제니가 함께 있는 주말과 휴가 기간이었다. "난 그 동안은 조슈아를 잃어버리거든요."라고 말한대로이다. 치료자가 넌지시 알려주자 조슈아와 루쓰는, 루쓰의 의붓자식들이 오기 전에 그들만의 특별한 저녁을 위한 계획을 짰고, 휴가 기간에는 최소한 한 번의 주말은 둘을 위해 갖기로 했다. 특별히 친밀한 시간을 보내고 난 후 루쓰는 남편과의 관계에서 더 안락함을 느꼈고, 의붓자식들과 아버지의 관계에 대한 분노가 녹아 없어지는 것을 발견했다. 조슈아는 긴장을 풀었고 아내에 대한 비난도 줄어들었다. 내면의 "감정 충전소"를 다시 채운 후 그들은 늘어난 정서적, 육체적 에너지로 훌륭히 일을 해냈고, 복합가정에서의 시간은 절망 대신에 기쁨이 되었다.

치료를 원하는 많은 복합가정의 성인들은, 그런 복잡한 체계에서 사는 것의 정서적이고 행태적인 의미를 별로 고려하지 않는다. 따라서, 일차적인 치료는 치료자가 그에 대한 정보를 알려주는 것이다. 이전에 토의한 복합가정 연구에 응답한 복합가정의 부부들은, 그들 치료의 가장 긍정적인 면으로 교육적인 정보를 나열하였다. 역으로, 치료자가 복합가정의 쟁점에 대해 모르는 것이 치료에서 가장 부정적인 측면으로 자주 인용되었다.

치료자가 복합가정의 쟁점과 역동에 대해 잘 모르면 복합가정 식구들과 신뢰할 수 있는 관계를 맺기가 어렵고, 전형적인 정서와 상황을 정상화 시키기도 힘들었다. 이는 치료자로서는 중요한 결함이다. 정상 상태에 대한 정보, 내담자의 지각 변화, 복합가정에서 흔히 있는 어려움을 다루는 방법을 찾아보는 것이 복합가정 치료에서 치료적 관계의 기초가 될 수 있기 때문이다.

복합가정의 과제와 정상상태에 대한 정보는 이 책 전반에 걸쳐 제공된다. 도표 2.1(43~49쪽)에는 임상에서 관찰하고 경험적으로 연구한 결과 알게 된, 가정을 조화시켜 나가는 오랜 과정 동안 도움이 될 제안들을 요약해 놓았다. 이번 장에서는 복합가정에서 특히 교육이 중요한 세 가지 영역에 대해 논의하고자 한다. 의붓부모의 역할, 재혼 부모의 역할, 가족 안에서 둘만의 관계의 필요성으로 나누어 기술한다.

(1) 의붓부모의 역할

의붓부모가 의붓자식과의 관계에서 만족스럽게 행할 수 있는 역할이 많다는 것을 연구를 통해 알 수 있는데, 그것은 조언자, 믿음직한 사람, 어른 친구, 또 다른 부모 등이다(Crosbie-Burnett, 1984, Mills, 1984). 의붓부모와 의붓자식의 관계에서, 의붓부모의 요구뿐만 아니라 의붓자식의 요구도 일차적인 중요성을 갖는다. 그러나, 이것을 재혼 부모의 소망과 따로 떨어져 살고 있는 이혼 부모의 영향과 나누어 생각할 수는 없다. 심지어는 재혼 부모나 아이가 "아마 그러길 원하셨을 거야"라고 여기는 식으로 죽은 부모조차도 영향을 미친다. 그러므로, 기본적으로 의붓부모의 역할은 네 가지의 상호작용 요소에 의존한다.

- 아이들의 소망과 요구
- 다른 가정에 속해 있는 이혼 부모의 소망
- 재혼 부모의 기대와 요구
- 의붓부모의 요구 (Hetherington, 1989)

명확하지 않고 혼란스러운 것은 당연하다! 운 좋게도 연구를 통해 의붓부모 의붓자식의 만족스러운 관계를 위한 몇몇 중요한 요소들이 밝혀졌다(Kurdek와 Fine, 1993). 첫 번째는 의붓부모가 자신의 방식을 가정에 적용할 때 서두르지 않는 것이다. 아이들에 관한 한 재혼 부모가 권위를 가진다. 의붓부모가 아이들의 존경을 얻어야 하지만 그것은 시간이 걸리기 마련이다. 만족스러운 관계가 첫 번째 필수 사항이며, 어린 아이일지라도 관계가 이루어지는데 는 1년 내지 1년 반이 걸린다 (Stern, 1978). 처음부터 의붓부모가 아이에 대한 재혼 부모의 역할을 지지하는 것이 중요하다. 아이들은 의붓부모가 부모의 역할을 대체하려 한다고 느낄 때 당황해 한다. 하물며 사춘기 아이들에 대해서는, 부모 역할을 하기엔 의붓부모는 가정에 너무 늦게 들어온 것이다. 그러나, 의붓부모는 십대의 삶에서 중요한 역할을 할 수 있다. 종종 십대들은 "부모님하고는 너무 긴밀한 관계라서 화 내실까 봐 말씀 드릴 수가 없는데, 의붓부모한테는 이야기 할 수 있어요."라고 말한다.

물론 어떤 의붓가족에서는 의붓부모와 의붓자식 사이의 차이가 너무나 커서 그들이 할 수 있는 가장 훌륭한 일은 아이들이 자라고 자립할 때까지 단지 '함께 사는 것' 뿐이다.

(2) 재혼 부모의 역할
재혼 부모는 가정 내에서 매우 다른 역할을 해야 할 필요가 있다. 불행하게도 그들은, 우리가 언급해온 대로 복합가정의 조화에 해가 될 두 가지 기대를 가지고 있다. 첫째는 의붓부모가 의붓자식들에게 권위적인 위치가 될 것이라는 것이고, 둘째는 의붓자식과 의붓부모는 거의 즉시 서로를 사랑하게 될 것이라는 기대이다. 편부(모)가정 시기 동안, 부모는 훈육하는 역할에서 벗어날 수 있기를 희망해왔을 것이고, 재혼을 하면서 종종 권위적인 부모 역할을 완전히 포기하고 그것을 새로운 의붓부모에게

넘기려고 시도했을 것이다. 그러나 의붓부모는 처음부터 이러한 일을 할 수 없다. 왜냐하면 아이들을 훈육하는 유일한 존재는 생물학적인 부모였기 때문이다. 연구와 임상에서의 관찰을 통해 재혼 부모가 능동적으로 권위적인 부모 역할을 하는 것이 필요하고 의붓부모가 그것을 지지하는 것이 중요함을 알 수 있다.

기강은 코헨 가족의 치료에서 중요한 요소였다. 아래의 사례를 통해 그들 부부는 가족의 체제를 새롭게 하는 것이 가치가 있다는 것을 알게 됐다.

조슈아와 루쓰는 매일 발생하는 가정의 기강 문제에 만족스럽게 대처하지 못했다. 조슈아는 자신이 집안의 권력을 잡을 수 있을 것으로 예상했으며, 루쓰는 그런 역할에 대한 남편의 인식에 만족했다. 루쓰는 아버지가 자녀를 훈육하는 가정에서 자랐고, 첫 결혼에선 남편(조)이 훈육자였다. 남편이 죽고 나자 루쓰는 아이들을 통제할 수가 없었고, 그래서 조슈아가 훈육자가 되어주길 바랐다. 그러나 재혼한지 2년이 지난 뒤에도 가정은 여전히 혼란스러웠다. 부부 사이에, 어른과 아이 사이에, 아이들 사이에서도 분노와 욕설이 오갔다.

예상대로 첫 면담에서 그들 부부는 가정의 규율과 한계 설정에 관한 주제를 끄집어 냈다. 루쓰와 조슈아 모두 자신들의 자녀에 관심을 쏟았고 의붓자녀들에게 실망하고 있었다. 치료자의 질문에 그들은 또한 상대방에 대한 분노를 인정했다.

루쓰는 조슈아가 자기 아이들의 훈육을 맡아 주었으면 했지만 그의 방식에 화가 났다. 그녀는 그가 자기 아이들에게만 항상 화를 내고 더 엄격하게 군다고 느꼈다. 반면 조슈아는 아내가 그녀의 아이들을 아기로 만든다고 느꼈고, 자기 아이들이 주위에 얼쩡거릴 때마다 화를 냈다. 치료자가 아이들의 반응에 대해 물었을 때, 부부는 루쓰 네 아이들이 반항을 하고, 두 편의 아이들이 심하게 경쟁을 한다고 했다. 루쓰는 "이 가정엔 행복하게 지내고 있는 사람이 하나도 없어요."라고 했다.

치료자는 그들의 고통과 근심을 인정하면서 동시에 그런 화제를 유머러스하게 이야기할 수 있는 능력을 인정해 주었다. 그리고 이런 문제들이 어렵기는 하지만 그들과 같은 가정에서 흔하게 일어나는 상황이라는 것을 언급했다. 치료자는 루쓰와 조슈아에게 그런 문제들을 다룰 수 있는 지침을 알려 주었고, 그들 부부에게 변화를 가져올 수 있다는 희망을 주었다. 부부는 불안과 우울이 감소하고 치료자에게 이해 받고 있다는 느낌을 간직한 채 면담을 끝냈다.

그리고 나서 치료자는 과거 가족력이 어떻게 그들에게 영향을 미치고 있는지를 이해할 수 있도록 도왔다. 치료자는 다음과 같은 주제에 대해 토의했다.

- 루쓰와 조슈아의 초혼 가정과 편부(모) 가정 시절의 가정 조직 구조 탐색하기
- 가장인 아버지의 과거 역사
- 루쓰가 편부모 가정에서 훈육 역할을 못했던 것

치료자는 루쓰와 조슈아가 모범으로 삼고 있었고 그들의 이전 가정의 일부였던 모델에 대하여 주의를 환기시켰다. 또한, 부모들은 대개 가정에서 경험했던 그들 부모의 패턴을 따른다는 점을 지적했다. 치료자는 이러한 초기 패턴들이 조슈아와 루쓰에게 적합했고 초혼에서는 어느 정도 역할을 했지만, 많은 연구에 의하면 복합가정의 구조와 역동이 다르기 때문에 지금 상황에서는 생물학적인 부모들이 권위적인 역할을 하는 것이 더 좋다는 것을 설명했다. 그리고 의붓부모가 의붓자식들에게 훈육적인 역할을 서서히 시작하기 전에 먼저 그들을 돌보는 역

할을 할 필요가 있다고 말했다.

이런 맥락에서 다음 대화를 보자.

조슈아 : 그렇지만 이건 언제나 제 일이었어요.

루쓰 : 전 제 아이들이 말을 잘 듣게 하는데 서툴러요.

조슈아 : 어찌됐든 그렇게 될 것 같진 않아요. 우리는 매주 주말이면 각자의 아이들을 집에 데리고 있어요. 저는 제 아이들과 조슈아의 아이들에게 서로 다른 규율을 적용한다는 것이 상상이 되질 않아요.

치료자 : 둘 다 좋은 지적을 했어요. 거기에 대해 더 이야기하기 전에 기본적인 질문을 하죠. 이러한 일들이 가정 내에서 원만하게 진행이 되고 있지 않다는 것을 당신 둘 다 알고 있어요. 그렇죠?

부부 : (고개를 끄덕인다)

치료자 : 좀 바꾸고 싶지 않아요?

조슈아 : 루쓰의 아이들이 제가 말하는 것을 잘 들어주면 돼요.

루쓰 : 제 생각에 그건 별로 안 좋아요. 제 아이들은 당신의 규칙에 익숙하지 않아요. 더군다나 당신은 필이나 제니보다 제 아이들한테 더 엄했어요. 제 아이들이 화가 난 건 당연해요.

이 대화는 그런 상황에 대한 전형적인 반응을 보여준다. 어른들이 자기 아이의 상실, 분노, 공포 등을 대할 때처럼 의붓자식의 감정을 이해하고 공감해 주려면 시간이 좀 걸리는 것이 보통이다. 이해를 해 갈수록 조슈아와 루쓰는 서로의 감정과 행동 또한 존중해 주기 시작했다. 결국 그들은 가정의 규율을 세우는 데 함께 노력해야 할 필요를 이야기하기 시작했고, 각자의 아이들은 각자가 담당하는 편이 어떨지 생각해 보기 시작했다.

루쓰는 자기 아이들의 훈육을 누군가 도와줬으면 했지만, 조슈아가 그렇게 해주는 것을 고려하지는 않았다. 치료자는 부부가 함께 양육 수업을 할 것을 제안했고, 그럼으로써 이미 각자 알고 있던 양육 지식 이외에 더 알기를 바랬다. 그리고 이 제안에 대한 개인적인 반응을 논의하기 위해 따로따로 약속을 잡았다.

개인 면담에서 그들은 가정에서 어떤 일이 일어나는지를 관찰하기 시작했다. 조슈아는 루쓰의 아이들을 엄하게 대하는 것을 삼가게 되었고 치료자는 이를 지지해 주었다. 루쓰는 그녀의 아이들이 어른들에게 말썽을 부리는 것을 제한하였다. 부부가 함께 생산적으로 움직이기 시작한 몇 번의 합동 면담 후에 아이들도 면담에 참가하도록 했다. 치료자는 아이와 부모를 도와서 서로에 대해 이야기해 보도록 했는데, 가정이 훌륭하게 기능을 하려면 어떻게 하는 것이 필요할지 토의해 보는 '가족 회의'로 면담을 시작했다 (음식 준비하기, 시장보기, 집 청소하기 등등). 아이들은 자기 생각을 반영해달라고 졸라대면서 즐거워했고, 루쓰와 조슈아는 그들의 제안이 꽤 쓸만하다는 데서 놀랐다.

일반적으로 재혼 부모는 의붓자녀들과 금새 돌보는 관계가 될 것이라는 기대를 버려야 하는데, 이것은 코헨 가족에게도 마찬가지였다. 이러한 관계는 시간이 걸리는 것이라서, 억지로 하려면 서로를 이해하고 친밀해지기 보다는 소외만 일어날 뿐이다. 의붓자녀와 의붓부모가 서로를 알아가고 만족스런 관계가 되기까지는 시간이 걸리지만, 친부모가 그들의 아이들이 의붓부모를 존중하도록 달램으로써 도울 수 있다.

가족 면담을 몇 번 더 이어서 하는 동안, 아이들에게 상대편 가족의 규율이 변할 수 있게 어른들을 돕도록 격려하였고, 루쓰와 조슈아 부부는 의붓부모를 존경하라고 요구하기 시작했다. 부부 또한 의붓자식들에게 더욱 따뜻하게 대해줬다.

　재혼한 부부들은 종종 배우자와 자식의 요구 사이에서 무력감을 느끼고 어쩔 줄 모르지만, 실제로 그들은 부부 관계와 부모-자식 관계 모두의 구성원이기 때문에 가정에서 가장 큰 힘을 가지고 있다. 조슈아와 루쓰도 곧 이 사실을 깨달았고, 그들 아이들과 의붓부모를 더 가깝게 할 수 있는 입장에 있다는 것을 알게 됐다. 이와 더불어 치료자는 의붓부모 의붓자식의 관계가 생길 수 있도록 친부모와 자식과의 사이에 충분한 거리를 두도록 했다. 개인간의 관계가 진전되면서 가정은 점차로 안정되어 갔다.

(3) 가정 안에서 둘만의 관계

　재혼 가정에서 특별히 한 사람씩 대면하는 시간을 갖는 것은 중요하다. 복합가정 내에서 관계를 개발하고 유지하는데 결정적인 요소이지만, 사실 이것은 모든 가정에서 중요하다 (Visher, 1994). 부모 자식간의 결합을 유지하고, 새로운 부부간 유대를 확립하며 의붓부모와 의붓자식, 또한 의붓형제자매들 사이를 가깝게 할 필요가 있기 때문이다. 이것은 복합가정 구성원들 의 경험으로부터 다른 가정이 배울 수 있는 가장 값진 교훈 중 하나이다.

　부부 관계가 중요하다는 것을 보여주는 참고 문헌이 많다. 어른들이 '가정' 을 이루느라 힘을 기울인 나머지, 그들 자신을 위한 개인시간과 둘을 위한 만남의 시간을 가지는 것을 잊어 버리는 일이 너무나 잦다. 따로 있기 위해 마냥 '자유 시간' 이 나기를 기다리는 것은 도움이 되지 않는다. 산책을 한다든가, 커피를 마시거나 영화를 보기 위해 따로 나간다든가 하면서 같이 시간을 보낼 계획을 세울 필요가 있고, 아이들이 커갈수록 더 많은 시간이 필요하다. 불행하게도 이런 시간 동안에 가족 문제를 토의하는 경우가 있다. 그렇게 하는 것은 도움이 안 된다. 부부는 그들의 '특별한 시간' 동안 가족에 대해 이야기하지 않을 것임을 동의할 필요가 있다.

복합가정의 아이들은 종종 부(모)하고만 있을 수 있는 시간을 소망하곤 한다. 아이들은 재혼 전 편부모 가정일 때부터 이런 배타적인 시간을 가져 왔을 것이다. 일대일 대화 시간을 편성함으로써 부모에게 다른 인간관계가 생긴 데 대한 아이의 상실감을 줄일 수 있다. 아이들은 대개 가능한 한 특별한 시간을 많이 갖기를 원하는데, 많은 부(모)와 의붓부(모)들은 그들의 이런 바램을 충족시켜 주는 것이 얼마나 중요한지 인식하지 못하고 있다. "저랑 아빠랑 둘 만 있을 때가 있으면 좋겠어요. 왜 항상 의붓형제자매들과 함께여야 하는지 모르겠어요. 왜 온 가족이 함께 외출을 해야 하나요?"라고 한 아이가 말한 것처럼 말이다. 아이들은 도서관에서 책을 함께 고르거나 컴퓨터 게임을 같이 해주는 것으로 매우 만족해 할 수 있다.

그런 순간에 버려진 것처럼 느끼는 의붓부(모)에게 이것은 어려운 일일 수 있다. 의붓자식들 각자와도 따로 시간을 가지는 것이 중요하다는 것을 의붓부모가 알게 되면 상황은 달라질 수 있다. 이것은 새로운 관계를 형성하는 일이다.

무력감 줄이기
Reduce a Sense of Helplessness

복합가정의 구조는 초혼 가정만큼 각자의 삶을 통제하지 못하기 때문에, 복합가정의 구성원들이 그들 삶의 통제력을 획득하도록 돕는 것은 치료에서 중요한 측면이다.

법적으로 양육권을 가진 부(모)는, 부모 자식 관계에 관한 한 그렇지 않은 부(모)보다 큰 권력을 갖는다. 양육권을 가진 부(모)가 이따금 양육권이 없는 부(모)보다 더 큰 가정 지배권을 갖는데 비해 의붓부모는 법적으로 최소의 권력을 갖는다 (Visher와 Visher, 1988). 이러한 영역에 대한 사회적인 압력을 치료를 통해 바꿀 수는 없지만, 외적인 힘에 의해 유발된 분노와 우울을 인식하는 것은 중요하다. 복합가정의 구성원들은 여러 가지 상황에서 그들이 통제력이 별로 없다고 느끼는데, 치료는 이런 부분에 대해 매우 도움이 된다.

대응방식에 대한 정보 및 아이디어와 함께, 문제점들에 이름을 붙이고 이해하는 것은 치료에서 가장 도움이 되는 것이다. 복합가정의 문제를 이해하고 명명함으로써 부모와 의붓부모들은 더 큰 통제감을 느낀다. 예를 들어, 조슈아는 그의 전처인 엘렌과의 사이에서 무력감을 느꼈다. 치료자는 전 배우자와 함께 할 때의 어려움을 지적하고, 어떻게 하면 조슈아와 루쓰가 엘렌과 성공적으로 접촉할 수 있을지를 그들과 함께 살펴 보았다. 불행하게도 엘렌은 협조를 할 수 없었고, 치료자는 조슈아 부부가 엘렌의 가정을 통제할 수는 없지만 그들이 가지고 있는 통제권을 포기할 필요는 없다는 것을 깨닫게끔 도와주었다. 일례로, 조슈아 부부는 엘렌이 주말마다 제 시간에 필과 제니를 데려 가고 다시 데려다 주는 것에 대해 다투는 대신에 자신들이 아이들을 왕복시키기로 했다. 엘렌의 집이 30분 정도 떨어진 근교에 있어서 따로 시간을 내야 했지만 이러한 상황을 통제하는 데서 오는 정서적인 안도감이 그것을 보상했다. 또한 부부가 종종 함께 나감으로써, 서로 가까워 질 수 있는 그들만의 시간이 더 늘어났다.

다른 가정을 보면 절망하고 분노하는 쪽은 대개 아이들을 양육하는 부모일 경우가 많은데, 그것은 전 배우자가 아이들을 데리러 오고 데려다 주는데 있어 무책임하게 행동하기 때문이다. 양쪽 부모가 서로 협력하는 것이 불가능하다면, 양육하는 부모가 이러한 영역에서 통제력을 발휘할 수 있을 방안을 강구하도록 돕는 것이 필요하다.

아이들 또한 사적인 영역에 대한 통제권을 갖지 못하거나, 적절한 책임감이나 특권을 부여 받지 못해왔을 것이다. 코헨 가정에서 치료자는 사라가 자신의 도시락을 원하는 대로 스스로 만드는 것을 어른들이 허용하도록 도왔고, 어른들은 사라가 방과 후 활동을 스스로 선택하도록 했다. 통제권이 많이 주어지자 사라는 활동이 더 많아지고 학교에도 열심히 갔다. 주중에 코헨 가정은 부지런한 분위기를 유지했고 집안의 정서적 분위기가 극적으로 바뀌었다.

가족 구성도를 이용하기

Use Genograms

가족을 도표로 나타내는 것이 많은 가정에 도움이 되는데, 그렇게 함으로써 치료자나 가족 구성원이 가족체계를 시각화 할수 있기 때문이다. '초 가족 체계' (Sager 등, 1983)와 복합가정 체계의 복잡함으로 인해 도표는 특별한 중요성을 갖는다. 그것으로 가족 구성원들은 왜 그들이 압도되고 있는지 더 잘 이해할 수 있고, 치료자는 관련 인물들에 대한 혼동을 줄일 수 있다. 또한 치료자에게 중요한 가족 정보와 역사를 매우 빨리 전해 주기도 한다. 전 배우자에 대해 복잡한 감정을 가지고 있는 복합가정의 경우, 가족 구성도를 그려서 전엔 언급하지 않았던 사람들에 대해 이야기할 수 있게 된다.

다음의 가족구성도(도표 5.2)는 복잡한 복합가정 체계를 보여주고 있다. 이것은 McGoldrick과 Gerson(1985)이 제안한 방법이며, 과거 및 현재 동거자가 누구인지 찾는 데 유용하다.

이 가족 구성도는 152쪽의 코헨 가족의 것보다 한층 복잡하다. 그러나 상징하는 바는 같은데, 여기서는 임신을 표시하는 상징 (△)이 추가 되었다. 이 가정에서는 돈(폴)과 수(팸)가 치료를 받으러 온 부부이다. 가족도를 그리고 난 후, 수는 이 가족도의 복잡함을 보면서 격렬하게 말했다. "이게 내가 말하고 싶던 거에요!" 수의 과거 가족 상황을 살펴 본 남편은 자신의 아내가 감내해온 죽음과 상실을 보았고, 자기쪽 가족의 풍부한 친척관계를 살핀 다음 아이들에게 갑작스런 깨달음을 표현했다. "새엄마가 버림 받은 것처럼 느끼는 것은 당연한 거야. 엄마는 옆에 아무도 없지만 우리에겐 이 모든 사람들이 있잖니!"

재혼을 통해 제 3의 가족을 만난 한 아이 엄마는 가족 구성도를 통해 얻은 가족에 대한 깨달음에 이렇게 반응했다. "그 모든 것의 역학을 보는 것은 정말 정말 유익한 일이에요. 가족 구성도로 보니 모든 게 간결해지고, 더 정확하게 보이네요. 당신 머릿속에 커다란 그림을 그릴 수 있을 거에요." 가족력을 청취하면서 가족 구성도를 그리는 것은 이해와 변화를 위한 강력한 도구가 될 수 있다(동거자의 정보를 포함하는 가족 구성도를 그리는데 대한 설명은 Visher와 Visher, 1988, 33~40쪽 참조).

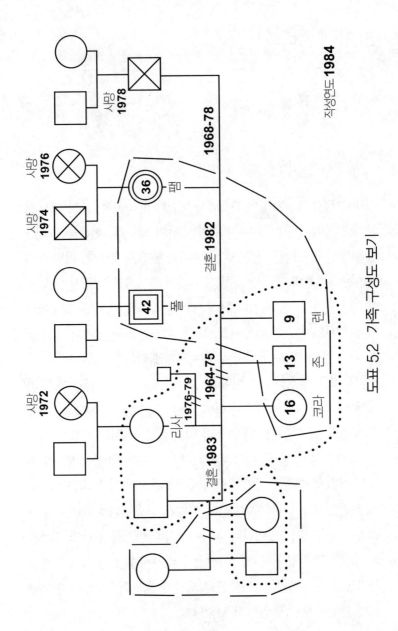

도표 5.2 가족 구성도 보기

작성연도 **1984**

사망 **1978**

사망 **1976**

사망 **1974**

사망 **1972**

36
톰

42
빌

결혼 **1982**

1968-78

1976-79

1964-75

결혼 **1983**

리사

9
렌

13
존

16
클라

과거력 채우기

Fill in Past Histories

새로 생긴 복합가정은 가족역사가 없는 가족이다. 함께 살기 전까지 그들이 공유하고 있는 추억은 거의 없었다. 어른들은 약간 있을지 몰라도 다른 가족들은 그렇지가 못했을 것이다. 어떤 십대는 이런 '추억의 결핍'을 이렇게 설명한다. "제가 여덟 살 때 엄마가 재혼을 했는데, 전 엄마한테 느끼는 것과 같은 것을 의붓아버지에게서 느낄 수는 없었어요. 내가 엄마를 안 건 8년이 됐지만, 그 동안 의붓아버지가 뭘 했는지는 저에게 백지상태였어요."

가족력을 청취하고 특이한 가족사를 조사하는 것은, 초혼 가정에게는 유용한 평가 도구이며, 재혼 가정에게는 중요한 치료적 개입이 될 수 있다. 한 가정의 여섯 살과 아홉 살 짜리 두 아이는, 의붓어머니(팸)와 함께 한 치료 면담 중에, 의붓어머니가 우울해 하면서 방에 들어가 문을 닫을 때 걱정이 되고 책임을 느낀다고 말했다. 여기에 대해 팸은 이렇게 반응했다. "오, 이건 너희와는 상관 없는 일이란다. 나는 너희 아버지를 만나기 전부터도 오랫동안 우울했단다." 이전에 알려지지 않았던 하나의 과거사가 밝혀짐으로써, 아이들은 죄책감과 스트레스로부터 벗어났으며 책임감을 갖지 않아도 되었다.

다른 복합가정에서, 치료자는 엄마의 사망 후 열 세 살 된 딸 쥬디를 삼 년 동안 조부모에게 보내야만 했던 아버지의 고뇌를 딸과 함께 나눌 것을 조언했다. 그제서야 쥬디는 아버지가 자신을 거부해서가 아니라 사랑해서 그랬다는 것을 이해하기 시작했다. 쥬디도 그 삼 년 동안 자신이 겪었던 사건과 아픔을 아버지와 공유할 수 있었다. 복합가정의 모든 구성원들이 참석한 상태에서 이런 상호교감이 일어난 후에야, 그들은 쥬디가 아버지에게 화를 내는 이유와 가족들이 그녀를 더 알고 싶어하는데도 거부하는 이유를 명확하게 알게 되었다. 분노가 잦아들고, 조부모와 함께 있고 싶어하는 요구가 이해되면서, 쥬디는 새로운 가정이 자신에게 주고 싶어하는 것들에 긍정적으로 반응하기 시작했다.

가정의 과거 경험을 현재 상황과 연결짓기
Relate Past Family Experience to Present Situations

우리 모두는 가정에서 겪은 이전의 경험에 영향을 받고, 재혼일 경우에는 전 가정에서의 경험에 영향을 받는다. 복합가정에서는 아이나 어른이나 이미 가정이 있었기 때문에 예견, 공포, 기대 등이 뒤섞여 초혼 가정보다 더 복잡해진다. 현재의 패턴 안으로 엮여 들어간 과거의 일부를 드러내는 것은 종종 치료의 필수 사항이다.

만약 현재의 어려움이 부부 관계에 대한 것이라면, 둘을 함께 만나는 자리에서 이전의 인간 관계들을 살펴 보는 것이 때로 의미가 있다. 이렇게 해서 문제를 객관화 시키면 오해, 적대감, 고통을 이해와 공감으로 바꾸는데 도움이 된다. 그러나 복합가정의 구조는 정서적인 반응을 과장하는 경향이 있다. 아래의 사례는 과거의 가정 경험이 현재 가정에 미치는 영향을 보여준다.

사례 1

에일린과 마이크는 총 9년 동안 같이 살았다. 에일린은 자식들과 거의 함께 지냈고, 마이크는 주말을 그의 자식들과 보냈다. 엄격한 교육 아래 성장한 에일린에겐, 마이크가 자신의 아이들을 통제하지 못하는 것이 불만이었다 (에일린은 아이들에게 한계를 지어주었다). 마이크는 자신이 어렸을 때 부모의 반응이 두려워서 잘못을 모두 숨겼기 때문에 부모의 훈육이 필요 없었다고 설명했다. 그리고는 자신의 딸보다는 의붓아들을 훈육하는 것이 더 수월하다고 했다.

치료자 : 왜 그렇게 생각하죠?
마이크 : 모르겠어요 (긴 침묵). 내 딸이 날 사랑하지 않을까 봐 두려운 걸까요?
치료자 : 에일린은 엄격했지만 자식을 사랑했던 부모를 경험해왔어요. 내 생각에 당신은 그렇지 못했던 것 같아요.
마이크 : 맞는 것 같아요.
에일린 : (흥분해서 상체를 앞으로 기울이면서) 나는 마이크가 어려워하는 것을 이해해요. 열 두 살 때 마이크는 부모가 '그 녀석은 죽었다'고 말하며 형과 의절하는 것을 보았어요 (마이크의 눈에 눈물이 고인다).
치료자 : (고개를 끄덕이며) 그래요. 그게 어려운 것은 당연해요.
(에일린의 분노는 녹아 내렸다. 에일린은 손을 뻗어 마이크의 손을 잡았고, 그들은 나머지 면담 시간 동안 거의 손을 잡고 있었다)

사례 2
밥과 팻시는 결혼 4년 째였는데, 밥이 자신보다 아들에게 더 신경을 쓰는 것 같아서 팻시는 매우 불만스러웠다. 밥의 아들은 거의 그들과 함께 살았기 때문에 이 문제는 계속 스트레스로 작용했다.

치료자 : (부부에게) 여러분이 성장기에 부모와 어떤 종류의 관계를 가졌었는지 궁금하군요.

팻시 : 우리 부모는 서로를 많이 사랑했어요. 가끔 싸웠지만 그리 오래 가지 않았죠. 그들은 서로에게 애정이 깊었어요.

치료자 : 서로를 신경 써주는 부부를 모범으로 삼고 있다는 거군요.

팻시 : 그래요.

밥 : 전 그렇지 않았어요. 우리 부모는 많이 다퉜고, 결국 제가 열 살 때 이혼했어요. 전 엄마와 살았고, 아빠는 한 달에 몇 번 만났죠.

치료자 : 부모가 재혼을 했나요?

밥 : 아빠는 몇 년 후에 했는데 엄마는 안 했어요.

치료자 : 그러면 엄마와 단 둘이 함께 살았다는 거군요?

밥 : 네, 우린 매우 친밀했어요. 엄마와 잘 지냈죠.

치료자 : 그렇다면 당신의 모델은 좋은 부모 자식 관계이고, 좋은 부부 관계는 경험하지 못했군요.

밥 : 맞아요. 그걸 생각해 본적은 없었네요.

　

그들은 성장하면서 경험한 모델의 차이점을 인식했고, 이 면담이 끝난 후 서로를 더 잘 이해할 수 있었다. 밥은 자신과 어

머니의 부모 자식 관계의 패턴을 반복하고 있다는 것을 깨달았고, 팻시와의 더 공고한 결합을 위해 해야 할 조치를 찾았다. 팻시는 밥을 좀 더 이해하게 되면서 밥의 행동을 좀 더 객관적으로 보게 되어 개인적으로 거부당한 것 같은 느낌을 덜 받게 되었다. 그 결과로 팻시의 비난이 줄어 들었고, 밥도 좀 수월해졌다.

복합가정의 아이들은, 편부모 가정을 비롯한 이전 가정에서의 인간 관계 경험들을 가지고 새로운 가정 안으로 들어온다. 대개 아이의 나이가 많을수록 최초 가정이 새로운 가정에서의 정서와 행태에 미치는 효과는 커진다. 특히 이혼했거나 사별한 부모가 연달아 새로운 관계를 맺으면, 아이들은 어떤 낯선 사람과도 정서적인 관련을 가지기 싫어할 것이다. 그리고 부모가 다투고 이혼하는 것을 아이가 봤을 경우, 자신의 부모와 의붓부모가 다툴 때면 또 다른 이혼에 의해 전처럼 상처 받고 혼란스러워질 것을 불안해 한다. 열 네 살 된 론다에게 그것은 좀 색다른 경험이었다.

론다의 엄마 루이스는 이혼남인 데이빗과 결혼했다. 데이빗의 세 아이들은 다 성장하여 이미 독립해서 살고 있었다. 열 네 살인 론다는 엄마와 데이빗과 같이 살았다. 론다는 친아빠를 만나지 못했는데, 그가 어디에 살고 있는지 아는 사람은 아무도 없었다. 어느날 루이스, 데이빗, 론다는 저녁을 먹으러 나가고 있었다. 그런데 론다가 갑자기 히스테리를 부렸다. 론다는 방의 물건들을 집어 던지고, 엄마와 이야기하려 하지 않으며, 두 사람에게 심한 말들을 퍼부었다. 의붓아버지인 데이빗은 론다의 침실로 조용히 들어가서 의자에 앉았다. 론다는 컵을 깨뜨리고 그것을 바닥에 집어 던져서 발로 밟았다. 론다가 그에게 나가라고 했으나 데이빗은 거절했다. "안돼, 내 생각엔 내가

여기 있는 것을 네가 바라는 것 같구나." 론다는 계속해서 나가
라고 했지만 데이빗은 그저 조용히 앉아 있었다.

론다는 서서히 진정했고, 데이빗, 루이스와 함께 대화를 할
수 있었다. 어른들은 론다가 이러는 것을 본 적이 없었기에 무
슨 문제가 있냐고 물었다. 론다는 데이빗에게 왜 나가달라고
말해도 가만히 있었는지 물었다. "나는 네가 다칠까봐 걱정 됐
단다. 널 정말로 사랑하기 때문에 네가 어떻게 되길 바라지 않
아. 내가 있어주기를 정말로 원한다고 생각했단다. 네가 그런다
고 나를 떠나게 할 수는 없어. 난 여기 있을 테니까."

론다는 울기 시작했고, 자기가 거칠게 행동함으로써, 친아버
지가 그랬던 것처럼 데이빗도 자신을 남기고 가버리길 바랬다
고 말했다. 아버지와의 경험으로 인해 론다는 그도 아버지처럼
할까봐 데이빗이 주는 따뜻한 느낌을 견딜 수가 없었다. 론다
는 그런 일이 자신에게 일어나기 전에 차라리 그렇게 만들어
버리고 싶었다. 론다는 자신이 어떻게 굴든 데이빗이 떠나지
않을 것임을 점점 믿기 시작했고, 그러면서 누그러져갔다. 이런
일이 있은 뒤 론다와 데이빗은 서서히 따스하고 애정이 깃든
관계를 발전시켜갔다.

치료자가 현재 어려움을 일으키고 있는 개인의 상황을 초기의
경험과 적절히 연결시킴으로써 거기서 벗어나게 할 수 있다면,
어렸을 때나 이전의 가정에서 겪었을 기억과 경험을 알아보는
것은 유용할 것이다. 한 의뢰인이 치료자에게 말했다. "과거 속
에서 꾸물거리면서 시간낭비하고 싶지 않아요." 그러나 과거는
대화의 끝이 아니다. 그것은 현재를 이해하고 바꾸기 위한 중요
한 다리이다. 이것을 이렇게 바꿔보자. 과거는 현재를 이해하고
바꾸기 위한 중요한 다리이다. 그것은 대화의 끝이 아니라, 단지
토론의 시작일 뿐이다.

특별한 제안하기

Make Specific Suggestions

1장에서 언급한 치료에 대한 연구 조사는, 복합가정들이 발전을 촉진하기 위해서 치료자를 찾는 것이 아님을 보여준다. 그보다는 가정에 상당한 긴장과 스트레스가 있고, 어른들이 혼란스러워서 불안하고 우울해질 때 치료를 받는다.

불안하고 우울해지면 문제 상황을 겪으면서 생각을 하고 생산적인 해결책을 내놓을 수 있는 능력이 줄어드는 것은 당연하다. 생산적이고 적절한 제안을 함으로써 불안을 감소시키고, 여러 가지 어려움에 대처하는 모범 답안을 보여줄 수 있다.

> 코헨 가족의 경우, 열 세 살 된 제니가 엄마와 주말을 보내고 난 후 아버지와 의붓어머니의 집으로 돌아왔을 때, 아이는 뚱하고 툴툴거렸다. 이런 행동은 아버지(조슈아)와 의붓어머니(루쓰)를 언짢게 해서 그들은 제니의 엄마에게 화가 나기 시작했다. 그 동안 무슨 일이 있었는지 말해보라고 하자 더 심통을 부렸다.
>
> 이 부부와 대화를 하면서 치료자는, 이들이 제니가 엄마에서 돌아오자마자 바로 자신들에게 쉽고 편안하게 대하길 바란다는 것을 알았다. 치료자는 갑작스런 전환이 어려운 일이라는

사실에 주의를 환기시키는 한편, 이 상황을 도울 수 있으리라 생각되는 몇 가지 특수한 제안을 했다. 그것은 제니를 따뜻하게 맞아주고, 몇 분간 롤러스케이트를 함께 타거나 좋아하는 비디오를 함께 볼 것을 제안하는 것이었다. 제니는 이런 것들을 좋아했기 때문에 이 제안을 반갑게 받아 들였다. 이제 제니는 가정으로 원만하게 돌아올 수 있게 되었다. 압력이 사라지자 제니는 긴장을 풀고 편안하게 아버지와 의붓어머니에게 합류했다. 루쓰와 조슈아는 엄마의 가정에 대해서도 묻지 않았다. 대신 제니가 없는 동안 어떤 일이 있었는지를 이야기했다. 이들 부부는 제니 엄마의 가정에 대해 자신들이 부정적인 생각을 하고 있었고, 어려움을 초래한 것은 자기들이라는 것을 깨달았다. 이제 그들은 다른 어려운 문제가 생겼을 때에도 덜 감정적으로 반응하면서 해결책을 더 잘 생각해 낼 수 있었다.

유용한 의식을 제안하기
Suggest Helpful Rituals

성년 축하 행사나 결혼식과 같은 제의적인 의식은 중요한 가족 행사이다. 가족간의 유대에 기여하는 바로 볼 때, 일상적인 일과와 일 처리 방식도 그만큼 중요하다. '일곱 살 짜리가 저녁 상을 차리고, 십대 아이들이 돌아가며 식후 정리를 맡는다. 자질구레한 일들은 일요일마다 냉장고에 적어서 붙여둔다. 남편은 쇼핑을 하고 아내는 요리를 한다. 격주로 아이들은 다른 부모의 가정을 찾는다.' 이런 많은 기계적인 일들이 친숙하게 되면서 가정의 틀이 만들어지고 예측을 할 수 있게 된다.

복합가정의 구성원들이 처음 함께 살기 시작할 때는 그런 친숙함이 없다. 한 복합가정에서, 부부는 시장을 보고 음식을 장만하는 일을 각자 이전의 방식대로 했다. 다시 말해, 아내는 아이들이 허드렛일을 돕는 것을 기대하지 않는 반면, 남편은 가정 일을 아이들에게 의지하는 것이었다. 이 가정이 타협을 통해 일상의 반복적인 일을 원만하게 수행하도록 하는 것이 중요한 치료 과제였다. 과거에 그들에게 정서적으로 중요했던 일들을 기념하는데 대해 의논하도록 돕는 것 또한 치료자가 할 일이었다.

어떤 이들에게는 크리스마스나 추수감사일이, 다른 이들에게는 일요일 만찬이나 독립기념일 축제가 중요했다. 복합가정에서 특수한 기념 행사는, 새로운 가정의 삶에 특별한 순간을 마련하고 가정의 변화를 인정하는데 중요한 것이다.

감정과 행위를 분리하기
Separate Feelings and Behavior

　살면서 감정 때문에 다른 사람과의 관계가 좋지 않게 되면 우리는 행위와 감정을 분리한다. 아마도 복합가정의 많은 성인들은 자신의 정서와 행동을 너무나 잘 의식하고 있기 때문에 이런 부분에 대해 갈등을 느낀다. "느끼는 것과 다르게 행동하자니 사기치는 것 같아요." 그러나 이런 타입의 가정에서는 초반부터 (게슈탈트적인 의미의) "중용의 입장"이란 없고, 인간 관계의 단단한 기반도 없다. 따라서 시간이 지나 이런 기반이 다져질 때까지는, 서로 사이가 틀어지지 않도록 감정에서 행위를 분리할 필요가 있다. 그렇게 하는 것은 사기치는 것이 아니며, 매우 중대한 일일 수 있다.

　　조슈아는 이 주일 간 출장을 가 있었다. 집에 돌아와서 그는 열 살 된 아들 필에게 따뜻하게 인사하며 신기한 금속 트럭을 선물했다 (그것은 코스를 전환할 때 라이트를 켜고 경고 신호를 하는 것이었다). 그는 아홉 살 된 의붓아들 존에게는 어색하게 인사를 하며, 숙련되어야 불 수 있는 플라스틱 플루트를 선물로 주었다. 아이는 울면서 엄마(루쓰)에게 달려갔고, 남편이 두 아이들을 대하는 것을 보면서 그녀가 느꼈던 불쾌함은 이

일로 해서 더 커졌다.

   면담에서 조슈아는 아들과 의붓아들에 대한 감정이 같지 않음을 이야기했다. 같은 감정을 갖고 있지 않은데도 두 아이에게 똑같이 좋은 선물을 하는 것은 그에겐 '옳지 않은' 일로 보였다. 그렇지만 그는 가정 내의 불화를 알고 있었고, 의붓아들과의 관계를 향상 시키기 위해 행동을 고쳐야 할 필요를 의식하기 시작했다. 사업적인 일을 할 때는 어렵지 않게 감정과 행위를 분리한다는 것을 깨달았다. 예를 들어 상사 때문에 화가 났을 때, 그에게 헐뜯는 글을 써보내는 것이 감정에 더 부합하는 것이었지만, 그는 그 일에 대해 이야기를 해봤으면 좋겠다는 메모를 보냈다. 조슈아는 그런 행동이 가정에서도 얼마나 중요한 것인지 이해하기 시작했고, 두 아이들과 함께 동물원에 갔다가 선물의 집에서 각자가 원하는 장난감을 사줬다. 그들 셋이 외출에서 돌아왔을 때, 의붓아들은 행복해 했고 아이 엄마도 기뻐했다.

다른 가정의 예를 들어보자. 열 네 살 된 티모시와 의붓엄마 그웬의 사이가 적대적이었는데, 그웬의 치료자는 2주 동안 '마치' 서로 정말 좋아하는 사이인 양 행동해 보라고 권했다. 그웬은 그렇게 했고, 그녀의 변한 행동으로 그들 사이에 긍정적인 상호 작용 방식이 일어났다. 티모시는 의붓엄마의 변한 모습에 반응하여 덜 대들고, 말을 더 많이 하게 되었고, 둘의 사이는 좋아지기 시작했다.

상황이 거북하고 어색할 때에도, 의붓부모는 아이들에게 공정하게 대하고 부모는 가족들이 서로 예의를 지킬 것을 요구할 필요가 있다. 그럼으로써 모두 함께 사는 것이 더 순조로워지고, 더 나은 관계로 발전할 수 있다.

종종 조부모들은 의붓손자는 외면하면서 생물학적 손자를 편애하는 것을 죄스러워한다. 이런 일은 생물학적 손자는 그의 조부모와 오랜 관계를 가져왔지만 의붓손자는 그렇지 않기 때문에 생기는 경향이 있다. 이런 환경 탓에 생기는 긴장은 아이의 엄마나 아빠가 조부모에게 차분히 이야기해 줌으로써 해소될 수 있다. 즉, 조부모가 불공정한 것이 아니고, 새로운 아이들을 받아 들이지 않는 것도 아니고, 가장 중요한 것은 새로운 가정이라는 것을 깨닫지 못해서 가정에 불화가 일어나고 있다는 것을 전달하는 것이다. 때로는 이런 상황에 대해 주의를 환기시키는 것만으로도 충분하며, 조부모들은 새 가족에 대한 행동을 바꿀 것이다. 조부모가 필요한 만큼 변하지 않는다면, 그들을 가족 치료 면담에 합석시키는 것이 좋을 것이다.

또 다른 가정의 예를 보자. 제리와 카렌이 결혼한지 2년이 지났음에도 제리의 부모는 카렌과 교류가 없었다. 카렌은 아이가 없었고 제리의 아들은 조부모에게 유일한 손주였다. 제리와 그의 아들(프레디)이 그들을 방문할 때 카렌을 동반하지 않는 상황이 계속됐다.

제리가 부모에게 이야기를 했지만 그들은 카렌을 보려고 하지 않았다. 결국 제리는 자신이 너무 속이 상하며 이런 관계를 받아 들일 수 없다는 것을 말할 수 밖에 없었다. 제리는 자신이 부모를 사랑하지만, 카렌이 함께 오지 않는다면 더 이상 프레디를 데려오지 않겠다고 했다.

너댓 달이 지나서 제리의 부모는 카렌을 받아 들이기로 했다. 상황을 쉽게 만들기 위해 첫 만남은 레스토랑에서 했다. 일년 반 사이에 프레디와 네 명의 어른은 서로 우애롭게 되었다. 어른들은 자주 함께 했고, 프레디는 근처에 갈 기회가 있을 때마다 조부모를 찾아갔다.

협상 가르치기

복합가정에서 살려면 보통 이상의 협상 기술이 필요하다. 이런 가정에서는 한 지붕 아래 모여 살고 있기는 해도, 아이, 어른이 서로 이방인이며 사고 방식, 의사소통 양식, 행동 패턴도 각기 다르다. 처음에는 못 올 곳에 와 있는 것 같고 어쩔 줄 몰라 하는 것이 일반적이다. 매리는 강아지 미치를 좋아하는데, 미치는 그녀가 자고 있을 때 곁에 다가와 바짝 붙고, 식사하는 중에 매리에게서 음식을 받아 먹는다.

이와 대조적으로 그녀의 새 남편 빌은 애완동물을 키울 수 없

는 아파트에서 살아왔고 개와 고양이에 알레르기가 있다. 매리의 아이들도 미치를 사랑하지만, 빌의 자녀들의 애완동물은 큰 거북이뿐이고 아이들은 크기가 어떻든 개와 함께 있는 것을 불편해한다. 다른 대부분의 일들과 마찬가지로 이성적인 잣대로 애완동물에 대해 옳고 그른 것을 따질 수는 없다. 그러나 이렇게 감정과 생활 방식이 다르고, 빌이 개와 고양이에 알레르기가 있을 때는, 정서적으로 만족스러운 해결 방식에 도달하기가 매우 어렵다.

루쓰와 조슈아가 치료를 시작할 때, 특히 거북스러운 것은 음식이었다. 조슈아는 밖에서 패스트푸드를 먹거나 콩 통조림을 전자레인지에 데워 먹곤 했다. 아이들과 같이 있을 때는 맥도날드나 피자헛에 가기를 즐겼다. 반면에 루쓰는 (그녀의 어머니를 따라서) 대부분의 음식을 처음부터 조리했고, 건강에 좋은 재료들을 사용했다. 조슈아는 루쓰를 '건강광'으로 여겼고, 루쓰는 조슈아가 즐기는 고지방 음식 때문에 수명이 짧아지지 않을까 걱정했다. 조슈아가 가장이었지만, 루쓰는 자신과 아이들이 뭘 먹을지를 스스로 결정하는데 익숙해 있었다. 루쓰의 자녀들은 때때로 캔디나 도넛을 먹고 싶다고 졸랐지만 대개 성공하지 못해서 엄마가 주는 '건강식'을 먹었고, 엄마가 없을 때 단 것을 먹으며 만족해했다. 조슈아와 루쓰가 협상할 수 있도록 돕는 것이 중요한 치료 과제가 되었다. 음식은 제일 중요한 것이기 때문에, 협상 과정을 토의하는데 이것을 유용한 주제로 이용할 수 있었다.

치료자의 도움으로, 협상을 하면서 루쓰와 조슈아는 서서히 상대방의 입장을 헤아려갔다. 음식의 딜레마에 대해 다음의 해결책이 제시되었다.

1. 일주일에 몇 일은 다른 가족이 메뉴를 결정할 책임을 갖는

다. 아이들이 엄마의 취향에 친숙했기 때문에, 루쓰는 그들의 선택에 만족했다.

2. 조슈아네 아이들은 아빠와 의붓엄마와 함께 있을 때 뭘 먹을지를 자신들이 선택할 수 있다는 것에 흥분했고, 어른들이 승인한 항목 중에서 레스토랑 목록을 선택했다.

3. 조슈아는 일주일에 한 번 메뉴를 결정했는데, 혼자 생활할 때보다 음식을 더 여유 있게 즐길 수 있게 된 것을 알았다. 또한 루쓰의 요리를 좋아하게 된 것을 알았다.

4. 루쓰가 요리를 계속할 때, 조슈아는 장을 보고, 온 가족이 부엌을 치우고 설거지를 했다.

5. 루쓰는 당뇨병이 있던 아버지 때문에 자신이 단 음식을 엄격하게 금지하게 됐다는 것을 알았다. 그녀는 음식에 대해 관대해졌고, 아이들은 엄마 뒤에서 몰래 캔디를 먹지 않아도 되었다.

가족 관계에서 감정이 부과된 분야의 조화를 위해서는 가족의 다양한 취향을 성공적으로 협상하는 것이 중요하다. 자신의 요구를 말하고, 그것이 서로 상이할 때는 우선 그 가치를 수용하고 협상을 통해 만족스런 해결책을 찾도록 도와주는 것이 복합가정의 행복을 위해 필수적이다. 협상 기술의 숙련은 가족에게 이익이 될 뿐 아니라, 가족환경 밖의 다양한 외부 상황에서도 유용하고, 이런 복잡한 형태의 가족 생활에 필요한 타협에도 큰 도움이 된다.

재구성하고 틀 다시 짜기
Restructure and Reframe

    개인적인 의견에 관한 연구를 보면, 사건이 일어났을 때 개인에게 영향을 미치는 것은 사건 자체라기보다는 그것에 대한 지각이라는 것을 알 수 있다. 불행하게도 이혼, 재혼, 복합가정의 삶 등의 용어를 사회가 부정적으로 받아 들이기 때문에, 이러한 사회적 거부가 복합가정 구성원들이 가정 내에 일어나는 일들을 바라보는 관점에 영향을 준다. 이런 이유로 복합가정 상황을 긍정적으로 재구성하는 것이 치료에서 중요하다. 역시 코헨 가족이 이 점을 잘 보여준다.

    치료자에게 왔을 때 조슈아와 루쓰는 결혼 2년 째였다. 부부는 함께 잘 해나가고 있었으나 조슈아의 아이들 둘은 루쓰의 아이들과 잘 어울림에도 불구하고 새로운 가정에 있는 것을 불편해 했다. 필과 제니는 아빠(조슈아)하고만 있으려고 해서 어른들을 당혹스럽게 했다. 부부는 아이들이 자신들을 갈라놓으려 한다고 해석했고, 그래서 이런 요구를 무시했다.
    치료자는 조슈아의 아이들이 상실감을 줄이려 한다는 것에 초점을 맞춤으로써 그들의 바람을 긍정적인 방식으로 재구성했다. 그들은 때때로 아빠와 엄마가 이혼을 한 뒤 아빠와 가졌던 독점적인 관계와 동일한 시간을 갖고 싶어하는 것이었다. 조슈아와 루쓰는 이것을 이해할 수 있게 되었다. 그들은 루쓰의 아이들이 엄마와 따로 있을 때가 있는 반면 조슈아의 아이들은 그렇지 않았다는 것을 깨달았다. 특별한 가족 시간을 계획하면서 그들은 조슈아가 제니의 숙제를 돕고 필과 닌텐도 게임을 하는(이것은 재혼 전에 조슈아가 하던 일들이다) 시간도 마련했다. 루쓰는 또한 의붓자녀들과 아이스크림을 먹으러 나간다거나 제니와 함께 쇼핑을 하면서 관계를 형성했다. 필과 제니는 아빠와 개인적인 시간을 갖기를 더 원했지만 루쓰와의 시간도 특별하게 느끼고 존중했으며 가족 관계는 향상되었다.

다른 가족의 예를 보면, 열 세 살 된 메리의 의붓엄마인 조안은, 대놓고 자신을 거부하는 메리가 자신을 싫어하는 거라고 느꼈고, 그 때문에 속이 상했다. 치료자와 만날 때 조안과 그의 남편(제이슨)은, 메리가 그 동안 함께 살아왔던 생모와 친밀한 관계를 갖고 있는 것에 대해 상당히 길게 이야기했다. 메리는 이들 부부와 이 주일에 한 번 같이 지냈다.

부부는 메리가 자신들의 집을 엄마 네보다 더 편안하게 느껴주길 바랐다. 그들은 메리의 엄마(세실리아)를 생활방식이 엉망진창이고 감정이 격한 어머니라고 여겼다. 치료자가 세실리아가 딸과의 관계를 불안정하게 느낄 것 같냐고 크게 묻자, 조안과 제이슨은 바로 그럴 것이라고 했다. 그때 치료자는 이렇게 이야기해 주었다.

"나는 메리가 조안과 엄마 사이의 심리적인 차이점을 알고 있을 것이라 생각합니다. 메리는 사실 엄마가 좀 더 조안 같기를 바랄 수도 있어요. 만약 그렇다면 메리는 조안을 존경하고 좋아하고 있을 테지만, 한편으로는 엄마와 밀접한 관계를 지속하고 싶기 때문에 오히려 더 멀어지게 되는 겁니다. 조안이 이런 식으로 생각한다면 좀 더 편안해질 수 있을 거에요. 그리고 메리가 부모와 의붓부모는 서로의 개성이 많이 다를 수 있지만 그것대로 다 가치가 있다는 것을 알도록 두 분이 도와주세요. 그러면 상황이 더 쉬워질 겁니다."

제이슨은 메리가 기본적으로는 조안을 좋아한다는데 동의했고, 조안도 동의했다. 조안은 치료자가 옳았음을 서서히 믿게 되었고, 메리에게 덜 감정적으로 대했다. 둘 사이의 상호작용을 재구성함으로써 조안은 메리의 부정적 태도를 덜 개인적으로 받아들일 수 있었다. 조안이 부담을 덜게 되자 메리도 덜 적대적이 되었다. 메리는 자라면서 조안이 자신의 생모와 경쟁하는 것이 아니라는 것을 깨닫게 되었고, 그 둘은 따뜻한 관계를 발전시켜 나가기 시작했다.

정확한 언어 사용하기

    복합가정과 작업할 때 치료자는 정확한 언어를 선택하기가 쉽지 않은데, 이것은 그들이 핵가족의 어휘(예를 들어 '의붓아버지' 대신 '새아버지' 라 하고 '의붓어머니' 대신 '새어머니' 라고 하는 것)로 생각을 하기 때문이다. 이것은 특히 아이들을 혼동시킬 수 있는데, 새로운 가족이 이전 인물을 대체한 것이라는 인상을 치료자가 줄 때 그러하다. 가족이 현재 상황을 의식하지 못하고 있어서 그들의 어휘에 대해 토의해야 할 때가 아니라면, 그들이 하는 대로 따르는 것이 중요하다. 일례로 어른들은 무의식적으로 새 핵가족을 만들고 싶어 하기 때문에 의붓관계를 인정하지 못할 수 있다. 이런 행동을 논의하다 보면, 의붓관계는 사랑과 보살핌의 관계가 될 수 없다는 그들의 믿음을 발견하게 되곤 한다. 계속 그렇게 믿고 있으면 성공적인 복합가정을 형성하는데 전혀 도움이 되지 않는다!

    가족과의 초기 면담에서 치료자는 아이를 먼저 만났다. "의붓엄마를 뭐라고 부르니?" 아이는 아버지의 성으로 부른다고 대답했다. 이어지는 면담에서 치료자는 그 호칭을 사용했다. 재혼 가정에서 쓰이는 용어는 초혼 가정에서보다 다양해서, 불편한 감정 반응과 연관된 어휘도 있을 수 있다. 가족의 말을 들어 보지도 않고 섣불리 가정을 해서 핵가족의 용어를 사용하는 것은 위험한 일이다.

치료적 긴장 줄이기

Reduce Therapeutic Tension

초혼 가정의 치료 시, 가족들이 비생산적인 패턴에 집착하면서 상호작용을 바꾸려는 데는 에너지를 별로 쏟지 않게 되는 시점이 있다. 그럴 때 치료자는 사려 깊게 중재를 하는데, 가족들이 새로운 해결책을 모색하도록 부추기기 위해 가정의 긴장을 고조시키는 쪽으로 방향을 잡을 수도 있다. 그러나 재혼 가정에서는 어떤 경우에도 그 반대 형태의 중재방식이 필요하다. 일반적으로 더 중요한 것은 가족의 긴장을 덜어주어서 충분한 평정심을 갖도록 하는 것이며, 그런 뒤에라야 견디기 힘든 가정 내의 긴장을 줄일 방법을 찾을 수 있다..

가정의 혼란이 면담에까지 이어질 때, 다음의 제안이 긴장을 줄이는데 유용할 것이다.

(1) (특히나 화가 치민 상태라면) 가족간에 직접적인 상호작용을 장려하는 대신, 치료자를 통해 의견교환을 하도록 제안하라. 치료자가 그것을 덜 파괴적인 방식으로 해석하고 재구성할 수 있다. 예를 들어, 어떤 엄마가 "난 남편이 내 아이들을 대하는 것에 질리고 지쳐 버렸어요."라고 말했을 때, 치료자는 남편(의붓아버지)에게 이렇게 말함으로써 긴

장을 해소시킬 수 있었다. "당신의 아내는, 당신과 아이들이 잘 지내지 못하기 때문에 마음이 아프다고 이야기하더군요. 가족 모두를 사랑하기 때문에 그것이 그리도 근심스러운 일일 겁니다."

(2) 각자의 요구를 적절하게 충족시키고 불안과 걱정을 감소시키기 위하여 개인 면담을 가질 필요가 있다.

할과 디에겐 개인 면담이 필요했다. 그들의 자존심은 매우 낮아서, 치료자로부터 충분한 지지가 필요했다. 그들은 서로서로 힘이 되고 지지해 줄 수가 없었다. 세 번이나 네 번의 개인 면담을 가질 때마다 한 번 정도 둘이 같이 올 때가 있었다. 이런 상황의 책임을 자신이 모두 지려하거나 상대방에게 전가하는 것을 막기 위해, 치료자는 의도적으로 각자와 동일한 횟수만큼 면담을 했다. 어려움을 초래한 특별한 문제를 알아내는데 더 많은 면담이 유익하다고 둘 다 동의했을 때에만 한 사람과 몇 차례 더 만났다.

할과 디가 자존심을 회복해 가면서, 둘은 서로에게 더 지지적으로 되었고 가정의 어려움을 극복하는데 함께 할 수 있었다. 개인 면담이 필요 없게 되면서 합동 면담 횟수가 서서히 늘어갔다.

(3) (동의를 한다면) 면담 중에 녹음기를 사용해라. 종종 테이프의 어떤 부분을 재생하고 그에 대해 토론하는 것이 유용하다. 부부가 집에서 들으려고 테이프를 빌려달라고 할 때도 있다. 면담 중 눈에 보이는 곳에다 녹음기를 작동시켜 놓으면 그것은 '외부인' 역할을 하게 되고 이 때 부부는 현재 처지를 뛰어 넘는 대화를 나눌 수 있게 된다. 이런 기

법이 부부나 가정의 상호관계를 위해 필수적인 '관리자'로 작용할 때도 있다.

(4) 자기 자신의 관찰자가 되는 가장 효율적인 방법은 자신을 비디오 테이프로 보는 것이다. 비디오로 기록할 수 있다면 많은 긍정적인 변화를 끌어낼 수 있다. 어떤 사람의 감정과 행동이 다른 사람에겐 매우 다르게 느껴질 수도 있다. 비디오 테이프를 통해, 자신의 행동이 다른 사람에게 어떤 인상을 주었을지 어느 정도까지는 경험해 볼 수 있다. 이것은 어떤 상황에선 더 없이 훌륭한 도구일 수도 있다.

요 약

이번 장에서 복합가정을 치료하는데 유용한 열여섯 가지 치료 중재방식을 살펴 보았다. 이것은 치료자가 어떤 이론적인 접근법을 취하더라도 유익한 내용이다. 중요한 것은 복합가정의 가족들이 더 편안하고, 희망을 가지고, 이전보다 덜 무력하도록, 또 그들의 경험은 당연한 것이라는 점을 이해하도록 돕는 일이다. 그래서 어떤 경우에 치료자는 다른 내담자를 대할 때보다 더 능동적이고 직접적이어야 할 것이다. 대부분의 복합가정에서 이것은 필수적인데, 그들은 미래엔 모든 것이 나아질 것이라는 희망을 얻을 것이고, 오랜 기간일 수도 있지만 '여기서 버티면' 이 모든 고통에도 불구하고 또 다른 이혼은 피할 수 있다는 용기를 가질 수 있기 때문이다.

6

복합가정
자녀 돕기

동반 자녀 없이 재혼하는 경우도 초혼 때는 없었던 정서적, 경제적 문제가 발생할 수 있다. 재혼하는 성인 둘 다 또는 둘 중 하나에서 동반 자녀가 있을 경우, 이 아이들의 존재는 이 책의 앞부분에서 기술한 바가 있는 훨씬 더 복잡한 '초가족 체계'를 만들어 낸다. 사실, 동반 자녀가 있게 되면 재혼 가정 내 상황은 부모들이 다룰 수 있는 수준보다 훨씬 더 복잡해진다. 그 결과, 동반 자녀 없이 재혼한 경우보다 동반 자녀가 있는 재혼의 재이혼율이 더 높다(White와 Booth, 1984). 자녀들이 이미 성장했거나 다른 곳에 살고 있다 해도, 그들의 존재는 양육비에서부터 자녀들과의 관계 단절에서 오는 슬픔에 이르기까지, 다양하게 재혼에 영향을 끼친다.

부모와 자녀 사이의 관계에 대해서는 앞서 논의했던 많은 복합가정의 역동과 관련하여 다룬 바 있다. 이 장에서는 특히 자녀들의 딜레마와 반응, 삶의 모든 변화에 대해 적응하려고 노력하는 자녀들을 도와줄 방법에 대해서 논의하고자 한다. "새로운 환경에 적응하여 정착하게 하는 것"은 몇 주만에 끝나기 보다는 수개월 내지 수 년까지 걸리는 과정이다. 아이들이 성숙해져 가는 발달 상의 변화와 더불어, 가정도 도전을 거듭하며 끊임없이 지속되는 성장의 과정을 밟을 것이다.

복합가정을 대할 때는 복합가정의 자녀들이 어떤 연령이라도 상실(loss), 충성심(loyalty), 통제의 부족(lack of control), 이 세 가지(Three L's)를 포함한 주요 문제점을 파악하는 것이 도움이 된다. 16세의 한 아이는 상실에 대하여 다음과 같이 표현하였다. "저는 아빠를 매우 좋아했어요. 아빠한테 관심 받길 원했어요. 그런데 새엄마가 와서는 아빠의 관심을 빼앗아 갔어요."

또 다른 십대 아이는 충성심의 갈등에 관해 다음과 같이 말했다. "부모님들이 저를 놓고 논쟁을 계속 하시기 때문에 두 분 사이에서 어찌할 바를 모르겠습니다." 한 젊은 남성이 말하기를 "엄마는 아빠보다 더 엄했는데, 나중에는 의붓아버지가 그 엄격함을 차지하고 심지어는 훨씬 더 엄하게 대했다. 마치 군대 캠프 같았다."라며 통제의 부족을 기억해냈다.

각기 다른 연령대의 아이들에 대한 논점
Issues for Children at Different Ages

아이들에 관해 논할 때 아이들의 나이는 그들이 보이는 반응의 형태를 결정하는 중요한 요인이다. 각 연령군의 특성을 고려하여 가족이 이러한 문제에 접근하는 방식에 대하여 도움이 되는 제안을 하고자 한다.

학령전기

걸음마기. 이 시기의 어린 아이들은 부모와의 분리를 두려워하고 불안해 한다. 퇴행하여 밤에 자다가 오줌을 쌀 수도 있고 더 어렸을 때의 습관이 나타날 수도 있다. 그리고 양육과 돌봄을 더욱 필요로 한다. 만약 친부모와 의붓부모가 갈등이 심하지 않다면 나이든 아이들보다 더 빨리 의붓부모를 받아들인다.

3~5세. 이 시기 아이들은 걸음마기의 아이들과 비슷하지만, 추가로 나타나는 중요한 반응이 있다. 마술적 사고를 하기 때문에 자기의 부정적인 생각 때문에 가정이 분리되었다고 믿을 수 있는 것이다. 이 시기의 아이들은 적절한 생활 통제가 필요하고 그들의 생각 때문에 가정이 변화된 것은 아니라고 말해주고 안심시켜줄 필요가 있다.

210

유용한 제안들

- 양육을 맡은 어른들이 적절하고 예측 가능한 양육과 돌봄을 제공할 수 있도록 도와준다.
- 아이들의 두 가족이 서로 협력하도록 격려한다. 자주 만나지 못해도, 정기적인 만남이 더 바람직하다(Isaacs 과 Leon, 1988).
- 더 큰 아이들은 각각의 집에 있게 될 날짜를 달력에 두 가지 색으로 표시한다.
- 이혼과 재혼에 대하여 이 연령군의 아이들이 읽을 만한 책이 있다(자료모음 참조).

초등학교 시기

6~12세. 학령기 아이들은 부모가 이혼할 때 우울해지고 화를 내는 경향이 있는데, 재혼할 때는 그러한 반응이 더 많이 나타날 수 있다. 아이들은 종종 자기들 잘못 때문에 부모가 이혼한 것으로 생각하기도 하고, 이혼한 부모를 자기들이 재결합시킬 수 있을 거라는 환상을 가지기 쉽다. 이런 환상을 실현하기 위해 아이들은 때로 의붓부모를 배제시키거나 원래 부모를 한 자리에 모으려는 행동을 보이기도 한다.

이 시기는 아이들에게 판단력이 생기고 강한 충성심 애착을 형성하게 되는 발달 단계이다. 한 부모는 "선", 다른 한 부모는 "악"으로 보는 식으로 편가르기를 하기 쉽다. 적대적인 전 배우자는 종종 이러한 행동을 조장한다.

가족 내에서의 서열 변화는 이 시기의 아이들에게는 중요하다. 예를 들면, 원래의 가정에서는 맏이였거나 막내였는데 재혼 가정에서는 가운데 아이가 되는 것이다. 이렇게 되면 어른들이 미처 인식하지 못한 심각한 변화가 아이들에게 일어날 수 있다.

유용한 제안들
- 아이들의 일상을 서서히 그리고 필요한 만큼만 바꿔주도록 어른들을 격려한다.
- 아이들에게 앞으로의 계획과 전반적인 일정에 대해 지속적으로 알려주도록 한다.
- 아이들이 어느 한 쪽 가정에서 돌아오면 그들이 없는 동안 무슨 일이 있었는지에 대해 공유하고, 그 동안 어떻게 보냈는지 궁금하다면서 아이들을 다그치지 않도록 한다. 아이들이 다른 가정에서 보낸 시간에 대해 이야기를 나눌 때 부정적으로 말하지 않는다.

청소년기
청소년기에는 세 가지 중요한 발달 과제가 있다.

1. 가족으로부터의 개별화에 대한 욕구의 증가
2. 자아 정체성의 발달
3. 성성(性性)의 발현

이러한 발달 과제들은 어떤 형태의 가족에서든 스트레스를 유발하고 정서적인 긴장감을 유발시킬 수 있다. 문제의 성격 상, 복합가정이기 때문에 생겨나는 것은 아니다. 불행하게도, 청소년 자녀를 데리고 재혼 가정을 이루는 많은 부모와 의붓부모들은 가족간의 친밀감에 대한 십대들의 저항이 종종 그들의 발달 단계와 관련된다는 것을 인식하지 못한다. 만약 어른들이 자신의 십대 시절을 떠올릴 수 있다면, "크고 행복한 가정"을 만들려고 노력하는 자신들을 아이들이 반겨줄 것이라는 비현실적 기대를 좀 더 쉽게 포기할 수 있을 것이다.

복합가정에서, 청소년들은 거주지에 대한 일정을 자주 바꾸려고 하는데, 대부분의 시간을 보내고 있는 가정에서의 어려움 때문이기 보다는, 오히려 그들 자신의 정체성을 발달시키고자 하는 욕구 때문에 그러는 것이다. 부모의 이혼 후에 편부(모)와 살았던 청소년들은 다른 부(모)에 대해 더 많이 알기 위해 자신들의 생활 일정을 바꾸고 싶어할 수도 있다.

치료 과제는 이러한 변화와 관련 있는 어른들이 위와 같은 현상이 정체성을 찾기 위한 청소년의 탐구임을 이해하도록 돕고, 필요하다면 거주지의 변화를 조정하기 위해 다른 한 쪽 가정과 함께 논의하도록 돕는 것이다. 한쪽 가정의 어른들이 그들의 십대 자녀들을 떠나 보낼 때 느끼는 슬픔을 다루는데 있어서도 치료자들의 도움이 필요한 경우가 왕왕 있다. 통계적으로 이 시기는 복합가정 청소년들의 주거지 이동이 빈번하게 발생한다. 많은 청소년들이 법정을 통한 공식적인 양육권의 변화 없이도 두 가정 간의 합의로 거주지를 결정하게 된다(White와 Booth, 1985). 청소년들은 같이 사는 부모나 의붓부모와 이러한 거주지 변화에 대해 의견을 나눌 수 없다고 느낄 때, 다른 부(모)에게 보내지도록 상황을 의도적으로 이끌어갈 수 있다. 그러한 방법으로 거주지를 바꾸는 것은 분명 적절하지 않다. 만약 청소년이 부(모), 의붓부(모)와 이러한 거주지 변화에 대해 의논할 수 없다면, 이러한 문제에 대해 도움을 받고자 치료자를 찾게 될 수도

있다. 성 발현에 대한 반응으로, 십대들은 이제 막 경험하기 시
작한 성적인 느낌을 다스리기 위해 이성의 의붓형제자매를 멀리
할 수도 있다. 의붓부(모)에게 쏠리는 성적인 느낌에 대한 반응
으로, 따뜻한 인간 관계를 맺고자 하는 의붓부(모)를 거부하는
태도를 보일 수 있다.

복합가정에서 자란 한 젊은 남성이 과거를 회상하며 기술한
내용에서 이러한 역동을 볼 수 있다.

> 나는 항상 여자 아이들에 대해 생각했었다. 항상 성에 대해서
> 생각했었다. 공상의 대상 중 하나는 의붓여동생이었다. 나는 여
> 성에게 매력을 느끼면서도 동시에 여성을 두려워 했고 공상 속
> 에서는 여동생이 벌거벗은 채 나타났기 때문에 특히나 곤혹스
> 러웠다. 여동생이 실제로 그랬었는지 아닌지는 기억이 나지 않
> 는다. 나는 여동생에게 매력을 느꼈었다. 개인적으로 그리고 여
> 성이라는 상징으로서 호기심을 가졌었다. 너무 가까이 있어서
> 무시할 수가 없었다. 한 집에 살면서 거리를 두기는 어려웠다.
> 또 다른 대상 중 하나는 의붓어머니였다. 의붓어머니는 더
> 힘든 대상이었다! 의붓어머니에게 성적으로 매력을 느꼈고 감
> 정적으로도 끌렸기 때문에 내게는 더더욱 위협적이었다. 머리
> 속이 복잡했다. 의붓어머니를 향한 성적인 감정이 두려워서 의
> 붓어머니에 대한 긍정적인 감정조차도 표현할 수 없었다.
> (Visher와 Visher, 1979, 177쪽)

유용한 제안들
• 십대들은 성적인 감정에 대해 쉽게 말하지 않기 때문
  에, 치료자는 이러한 감정이 평범한 것이라고 말해줌으

로써 복합가정 내에서 그러한 감정이 존재하는 것이 이상한 일이 아님을 알려줄 필요가 있다. 그들은 자기들의 성적인 반응이 병적이거나 나쁜 것이라는 생각으로 인해 고통을 겪고 있을지도 모르기 때문에 그렇게 해줌으로써 자존심을 회복하거나 유지할 수 있다. 그러나 감정과 행동 간에는 분명한 차이가 있음을 명확히 해야 할 것이다. 그러한 감정을 갖는 것이 드문 일은 아니지만, 가정 내에서 그러한 감정을 표현하는 것은 허용될 수 없다.

● 사생활과 적절한 "옷 차려 입기"에 대한 청소년 자녀의 요구에 대해 어른들이 주의를 기울이도록 한다.

● 아이들이 부부 간 애정이 깊은 부모와 함께 있는 것은 유익하지만, 부부 간의 열정적인 애정 표현은 침실에서 하는 것으로 제한해야 한다.

● 어른들과의 치료 작업을 통하여, 청소년들이 "나는 누구인가?"에 대한 답을 찾기 위한 과정에서 같이 살지 않는 부(모)와 만나는 것을 이해하고 허용하도록 돕는다.

● 십대들에게 있어 또래 관계의 중요성과 독립하려는 의지와 관련된 발달 상의 요구를 어른들이 이해할 수 있게 돕는다.

아이들에게 흔한 문제점

Common Issues for Children

　　관찰과 임상 경험에 비춰 볼 때, 대부분의 아이들, 특히 큰 아이들에게 영향을 끼치는 것으로 생각되는 문제점들은 다음과 같다. 앞의 여섯 가지는 12-19세의 아이들이 33개의 주제에 대한 질문을 받았을 때 가장 스트레스를 받는 상황들이라고 표현한 내용들로, * 표시를 하였다(Lutz, 1983).

* 친부모가 싸우는 것(예를 들어 전화를 통해서나 문간에서)과 서로에 대해 나쁜 말 하는 것을 들을 때
* 다른 부(모)를 만날 수 없을 때
* 친부(모)와 의붓부(모)가 싸울 때
* 친부모 사이에서 갈등을 느낄 때
* 의붓부(모)가 정한 새로운 규범에 적응하기
* 의붓부(모)의 훈육을 받아들이기
• 일이 잘못되기만 하면 비난 받을 때
• 친부(모)가 자기 보다 의붓형제자매에게 더 많은 것을 해줄 때
• 의붓형제자매들과 자기 방을 같이 써야 할 때
• 나를 원하지 않는다고 느낄 때
• 모든 것이 변해서 이혼 전의 생활로 돌아 가기를 바랄 때
• 의붓부(모)가 뭔가를 하라고 말할 때

• 새 가정이 잘 되는 것은 너에게 달렸다는 식의 느낌을 받을 때

일반적으로, 아이들은 가정의 변화와 긴장 상태에 분노 반응과 우울 반응을 보인다. 모든 아이들이 상실을 경험하며, 충성심의 갈등을 겪고, 통제의 부족을 느낀다. 특히, 아주 어린 아이들은 상실에 대해 반응을 보이고, 9-13세의 아이들은 더 어리거나 나이 많은 아이들에 비해 충성심의 갈등이 더 심하다. 청소년들은 자기들이 통제할 수 없는 많은 변화가 일어나기 때문에 특히 화가 나고 우울해진다.

치료에 있어서 아이들을 지지해 주는 주된 방법은 친부모와 의붓부모들이 자녀들의 걱정을 이해하고 아이들에게 도움이 되는 방향으로 행동하도록 돕는 것이다. 특히 아이들이 어리고 가족에게 의존적일 때 더욱 그러하다. 상대적으로, 아이들이 성숙해지고 가정 의존도가 덜해지면 아이들과 직접 치료 작업을 하는 것도 유용한 방법이다. 재혼 부부가 복합가정의 변화에 맞서고, 가정을 함께 돌보고, 다른 가족 구성원들을 포함시키는데 있어서 함께 대처해 나갈 수 있는 적절한 능력을 획득하게 되면, 결과적으로, 가족 구성원들 간의 이해와 대화가 증가한다. 치료 기간 내내, 개개인을 만나거나 혹은 가족 전체를 만날 때, 초 가족 체계의 관점에서 생각하는 것이 가장 중요하다.

복합가정에서 효과적으로 부모노릇 하기
Effective Parenting of Children in Stepfamilies

어떤 형태의 가정이든 육아에 대한 어른들의 준비나 교육이 매우 부족하다. 가정 내 복잡성이 더해지고 독특한 역동이 존재하는 복합가정의 경우, 부모노릇 하기 교육은 부모와 의붓부모에게 큰 도움이 된다. 복합가정 치료에 대한 우리의 연구에서, 많은 복합가정의 부모들이 가정 내 혼돈과 자녀들과 관련된 걱정으로 치료를 찾는다는 것이 밝혀졌다. 그들은 혼돈스러움을 줄이는 위한 방법을 의논하는데 도움을 필요로 한다.

Weston(1993)에 의하면, 치료를 찾는 성인의 약 80% 가량은 자신들의 복합가정 내에서 자녀들을 어떻게 기를 것인지에 대한 기본적인 교육을 필요로 한다. 나머지 성인들도 아이들의 문제를 다룰 수 있는 능력을 키우기 위하여 개별적으로 치료적 도움을 원한다.

Weston은 양육 기술은 배울 수 있는 것이며, 치료의 시작은 자녀들을 더욱 잘 양육하는 법을 배우려는 부모와 의붓부모들을 돕는 중요한 기회의 창구를 제공한다고 말한다.

Weston의 접근 방식을 잘 수행하기 위해서는 어른들이 다음 사항을 잘 알고 있어야 한다.

- 아이들은 자신들의 통제력이 미약하며 한계가 있다고 느낀다.
- 아이들의 과제는 세상과 그 속에 있는 자신들의 위치에 대해 배우는 것이다.
- 아이들의 감정은 상황에 대한 정서 반응이다.
- 아이들은 감정도 풍부하고 할 말도 많다.
- 말을 통해 스스로를 표현할 정도로 성장할 때까지는 아이들의 행동이 유일하게 자기자신을 표현할 수 있는 의사 소통 방식이다.
- 아이들은 어른들과는 달리 자신들의 발달 수준에 따른 여러 가지를 필요로 한다.

앞서 논의했던 바와 같이, 통합이 제대로 진행될 때 까지는 복합가정은 일반적으로 무질서하고 혼란스럽다. 가정을 평온하게 하려고 노력하는 과정에서 어른들은 종종 상황을 악화시키기도 하는데, 그 이유는 아이들이 왜 긴장감을 조성하는 방식으로 행동하는지를 이해하지 못하기 때문이다. Weston이 약술한 요점들을 기반으로 하여 다음의 내용들을 실천한다면, 부부는 가정의 기능을 향상시킬 수 있을 것이다.

- 각각의 나이에 따른 아이들의 발달 과정 상의 요구를 기억하면서 아이들의 시각에서 복합가정의 삶을 본다.
- 아이들의 행동이 어떤 요구를 표현하는 것인지 판단한다.
- 가능한 한 아이들의 요구에 부응하는 쪽으로 생산적인

방법을 찾는다.

다음의 치료 사례에서 이러한 내용을 볼 수 있다.

아홉 살 테리는 이복 동생 행크가 오는 주말마다 문제 행동을 보였다. 차 뒷좌석에서 테리는 옆에 앉아 있는 일곱 살 짜리 행크와 싸웠고 차에서 내려서도 인정머리 없이 행크를 괴롭혔다. 테리의 엄마와 의붓아버지는 주말이면 테리의 행동 때문에 정신이 사나웠다. 테리의 관점에서 그 상황을 분석해 보자는 치료자의 충고에 따라 부부는 곧 테리의 관점으로 사건을 보기 시작했고 그의 행동이 무엇을 말하고 있는지 이해하기 시작하였다. 행크가 없을 때에는 테리가 부모와 함께 차의 앞 좌석에 앉는다는 것을 깨달았다. 테리의 행동은 뒷좌석에 앉게 되면 부모로부터 버림받았다고 느낀다는 것을 알리려는 것이었다.

엄마와 의붓아버지는 테리의 행동을 이해했음을 알려 주었고 아이들에게 번갈아 가면서 앞 좌석에 앉을 기회를 주었다. 얼마 지나지 않아 테리는 뒷좌석에 있을 때에도 더 이상 부정적으로 반응하지 않게 되었고 행크와 즐겁게 지내기 시작하였다.

집안에서 테리의 문제는 행크가 테리의 장난감을 가지고 놀고 싶어해서 생기는 것 같았다. 그럴 때 마다 행크에게 장난감을 나눠주도록 테리를 타이르곤 했었는데, 살펴보니 테리는 행크에게 빌려줄 수 있는 장난감들을 직접 골라주고 싶어한다는 것을 알게 되었다. 아이들에게 각각 새 장난감을 몇 개씩 사주었다. 그리고 행크에게는 주중에 장난감을 넣어둘 수 있는 서랍을 주었다. 이 서랍은 테리에게는 "만지면 안되는 것"이었고 결국 두 아이는 자기들만의 소유물을 통제하게 되었

220

다. 형제는 점차 서로에게 다가서면서 레고를 가지고 함께 놀게 되었고 날씨가 좋을 때는 뜰에서 모래 놀이를 하면서 같이 놀았다. 긴장감이 넘치던 주말은 점차 모두에게 유쾌한 시간이 되어갔다.

도표 6.2에는 복합가정의 아이들이 직면하게 되는 다섯 가지 주된 문제점과 이러한 상황에서 보이는 흔한 감정적, 행동적 반응의 예와 아이들이 표현할 수도 있는 요구를 제시하였다. 마지막 항목에는 아이들의 요구에 대해 어른들이 어떻게 반응할 것인지에 대한 몇 가지 제안들을 기술하였다. 다음 단락에서 표에 실린 내용을 자세히 서술하였다.

안정된 복합가정 만들기
Settling into a Stepfamiliy

복합가정 내 개인들이 함께 살기 시작할 때, 그들에게는 가족 역사가 없다. 아이들과 어른들은 가정을 친숙하지 않고 낯선 곳으로 느낀다. 복합가정 구성원 일부에게는 친숙한 집일지라도, 새로운 사람들과 그들이 가져온 살림살이가 주는 낯설음이 있기 마련이다. 아이들은 이러한 변화와 상실을 선택한 적이 없다. 더욱이 그들은 서로 다른 방식으로 살아가는 익숙하지 않은 두 가정 사이를 왔다 갔다 하게 될 수도 있다. 복합가정 초기에 대부분의 아이들이 혼란스러워 하는 것은 당연하다. 만약 어른들이 아이들의 시각으로 그 상황을 바라볼 수 있고 아이들의 요구에 부응하려고 노력한다면, 안정화 과정은 좀 더 부드럽고 빠르게 이루어질 수 있다.

상실, 충성심의 문제, 그리고 압도당한다는 느낌과 통제력 상실은 아이들의 두 부모가 서로 다른 공간에 있기 때문에 어느 정도 발생한다. 연구 경험과 임상 관찰에 의하면 대부분의 아이들은 양쪽 부모 모두를 계속 만나기를 바란다. 심지어는 한 부(모)가 죽었을 때도, 아이들은 그 부(모)와 관련된 기억들을 갖고자 한다. 아이들은 십대 후반이 될 때까지도 이러한 접근을 허용하는 부(모)와 의붓부(모)에게 의존적이다.

가정의 구성원들이 사생활을 지키고 책임성과 통제의 영역을 확보하기 위하여 그들 주변의 울타리를 확실히 할 필요가 있을 때, 그 울타리는 아이들이 양쪽 가정에 접근할 수 있는 투과성을 충분히 보장해야 한다.

어른들의 이해를 돕는 한 가지 방법은 두 개의 원을 겹치는 부분이 생기도록 그려보는 것인데, 양쪽 가정에 모두 속하는 아이들이 있기 때문에 겹치는 부분을 반투과성의 경계로 하여 점선으로 그려보는 것이다(도표 6.1).

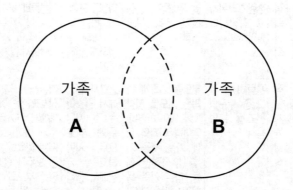

도표 6.1 양쪽 가정에 모두 속하는 아이들이 있는 두 가정

도표 6.2 복합가정 내 아이들 안정 시키기

재혼 가정 상황	감정 반응	행동 반응	표현될 수 있는 요구	아이들의 요구에 부응하는 방법
1. 여러 가지 상실-가족, 친구, 집, 학교, 부모 관심	슬픔, 화남, 우울함	울기, 퇴행, 가출, 위축, 공격적 언행	정서적, 신체적으로 부모 모두에게 접근	가정의 울타리에 통로 만들기, 부모 각자와 일대일로 만날 수 있는 시간, 관심을 가지고 걱정해주는 말과 행동
2. 삶의 변화를 다루는 통제력 부족	압도되고, 위축되고, 통제력 완전 상실 아이가 자라도 여러 분야에서 통제력 부족은 계속	통제력을 획득하려는 시도-학업실패, 싸움질, 다른 곳에서 살겠다고 협박, 어른들 무시하기, 심각한 손상 유발	삶의 통제	아이들의 성숙도에 따른 적절한 통제-음식, 방 배정, 학교 활동의 자율적 선택
3. 두 가정 사이를 옮겨 다니는 것과 같은 빈번한 이동	많은 차이에 빨리 적응시키기 위해 어른들이 압력을 가함	울기, 문을 꽝 닫기, 말을 안 하기	가정을 옮겨 다닐만한 시간과 옮겨간 뒤 안정화될 때까지의 시간	어른들의 인내와 적응하기 위해 필요한 시간, "반복 이동"에 대한 공감과 격려
4. 두 가정 사이의 규칙과 역할의 차이	혼란스러워하고 걱정하며 불안해함	말 안 듣기, 논쟁하기, 위축, 분노 발작	역할, 규칙, 기대하는 바에 대해 분명하게 알려주기	어른들과 아이들 간의 대화, 가족 모임, 두 가정의 차이점을 비난하지 않기
5. 종종 적대적인 부모 사이에 놓여 있게 되는 상황	사랑하는 부모 중 누구의 편도 들 수 없음	부모를 기쁘게 하려는 시도를 지나치게 많이 하거나, 엄마나 아빠의 집에 가는 것을 거부, 부정적인 행동, 다른 가족 욕하기, 한쪽 부(모) 편들기	중간자 입장에서 탈출하는 것, 자유롭게 부모 모두를 사랑하고 두 가정에서 즐겁게 지낼 수 있는 자유	어른들이 적대적인 상호교환을 하는 관계에서 아이를 놓아주기, 아이들에 관해서는 양육하는 어른들 모두가 협조하기, 양쪽 부모와 의붓부모를 사랑하는 것을 허용하고 양쪽 가정에서 즐겁게 지내도록 허용하기

아이들에게 상황을 구체적으로 설명해 줄 수 있는 또 다른 방법은 이중 국적자의 개념을 응용하는 것이다. 아이들이 어떤 한 곳에서 다른 곳으로 옮겨 다니는 것은 음식, 언어, 돈, 종교, 기후, 공간, 관습이 다르기 때문에 이 나라에서 저 나라로 여행하는 것과 비슷하다. 그러한 여행을 하는 데는 스스로 준비할 시간이 필요하고 종종 떠나기 전이나 도착한 후에 긴장감이 생기기도 한다. 아이들이 불안해지는 것은 당연하며, 적응해서 더 편안하게 느끼려면 시간이 필요하다. 아이들에게 익숙한 물건을 가져가는 것이 도움이 될 수 있다. 두 나라가 익숙해지고 두 나라에서의 생활이 예측 가능해짐에 따라, 두 나라가 싸우지만 않는다면 이중 국적을 갖는 것은 유용할 수 있고 도움이 될 수 있다. 적대적인 상황은 상실, 충성심 분열, 근심과 불안, 공포를 가져온다. 불행하게도, 많은 아이들은 자신이 두 가정 간의 냉전 상태 내지 더 심하고 파괴적인 싸움에 이르는 상황 속에 있음을 정확하게 알아차린다.

프랜시스와 바비는 그러한 전쟁의 포로가 된 아이들이다. 프랜시스는 열 살이고 바비는 일곱 살로 엄마와 살고 있으며 아빠인 데이비드와 새엄마인 로즈마리와는 가끔 만났다. 엄마 에스텔은 재혼하지 않았고, 본인도 이혼을 원했던 사람들 중 하나였으나 전남편에 대한 혐오와 나쁜 감정은 여전히 남아있었다. 에스텔은 다니엘과 로즈마리의 재혼을 받아들일 수 없었고, 프랜시스와 바비에게 아빠와 새엄마에 대하여 계속 나쁘게 말했다. 그러다 보니 때로 아이들이 아빠와 함께 지내러 갈 때 엄마와 헤어지면서 우는 것이 놀랄 일도 아니었다. 다니엘과 로즈마리와 함께 있는 주말 동안에는 말없이 시무룩하게 지내거나 호전적인 모습을 보이기도 하였다.

로즈마리는 아이들이 자신을 거부한다는 느낌을 받았고 아이들을 기쁘게 하려고 계속 노력하였다. 그녀가 열심히 노력할수록 아이들은 더 호전적으로 되어가는 것처럼 보였다. 로즈마리는 점차 화가 났고 자신이 뭔가 잘못하고 있음에 틀림없다고 느꼈기 때문에 결국은 가족치료자를 찾게 되었다. 치료자는 로즈마리에게서 이러한 상황을 전해 들었다. 치료자는 아이들이 그녀의 어떤 행동보다는 두 가정 사이에 흐르는 감정에 대해 반응한 것일 수 있다고 말하였다. 이 말에 로즈마리는 힘을 얻었고 다소 나아졌다.

치료자는 수 개월 동안 이들 부부를 함께 만났고 두 사람의 관계를 강화시킬 수 있도록 도왔다. 부인에 대한 다니엘의 지지가 부족했기 때문에 그들의 결합은 쉽지 않았다. 그는 아이들과의 관계에서 더 많은 상실이 생길까봐 두려워 했고, 아이들이 자신과 로즈마리에게 버릇없이 굴었을 때조차 아무 말도 하지 않았다. 게다가, 다니엘은 아이들과 있을 때는 로즈마리를 소외시키고 아이들에게만 온통 신경을 쓰면서 시간을 보냈다. 또한 아이들에게서 멀어지는 아내를 비난하였고 아이들이 긴장하고 사납게 구는 건 당연하다고까지 말하였다.

치료가 진행되면서 다니엘은 아이들이 친엄마로부터 아빠와 의붓엄마에 대한 이야기를 들었을 것이라는 로즈마리의 추측에 동의하였다. 그의 절친한 친구로부터 에스텔이 아이들에게 부정적으로 이야기하는 것을 들었다고 알려준 적이 있었다. 다니엘은 아이들의 행동이 로즈마리에 대한 반응이기보다는 그들 나름대로의 방식으로 두 가정 사이의 적대감에 대하여 반응하는 것이라고 생각하게 되었다.

다니엘과 로즈마리도 에스텔에 대하여 부정적인 말을 했었다. 에스텔의 행동을 비난하는 종류의 말을 아이들이 지나치게 많이 듣게 되었고, 그 때문에 화가 났었다는 것을 알게 되었다. 그들은 또한 자신들이 에스텔에게 반감을 가졌었다는 것을 이해할 수 있었다. 아이들 걱정에 다니엘과 로즈마리는 이러한 행동을 통제하기 시작하였다. 또한 그들은 프랜시스와 바비가 주말 동안 엄마를 떠나서 자신들과 함께 지내기가 힘들었을 것 같다고 말해주었다. 아이들은 고개를 끄덕였지만, 말로 표현하지는 않았다. 친엄마가 주말 약속에 관해 다니엘과 전화 통화를 할 때 여전히 비협조적이고 빈정거리기를 지속함에도 불구하고, 로즈마리와 아빠가 친엄마에 대해 비난하는 것이 없어지면서 상황은 나아졌다.

두 가지 사건이 이 두 집안에 중요한 변화를 가져왔다. 다니엘은 에스텔과의 전화 통화에서 지지적으로 대하라는 치료자의 충고에 따라, 엄마로서 아이들을 매우 잘 돌보고 있다고 말해주었다. 그리고 나서 다니엘은 에스텔과의 대화 속에서 긍정적인 변화를 경험하였다. 그 이후 얼마 되지 않아, 에스텔의 친한 친구의 열 한 살 짜리 아들이 만나지 못하는 아빠가 보고 싶다는 쪽지를 남긴 채 자살했다. 에스텔은 충격을 받았고 다니엘에게 아이들을 좀 더 자주 만나줄 수 있는지 물어보았다. 다니엘은 무척 기뻤다. 에스텔은 로즈마리도 아이들의 삶에 있어 한 부분을 차지하고 있다는 것을 마지못해 받아들였다. 점차적으로, 두 가정 사이의 장벽이 걷히면서 아이들이 양쪽 집을 자유롭게 출입할 수 있게 되었다. 아이들도 더 이상 심각한 충성심의 갈등을 겪지 않아도 되었고, 양쪽 가정에서 즐겁게 지내기 시작했다. 그들이 행복해 하는 모습을 보면서 어른들은 모두 크게 만족해 했다.

성공적 치료 개입의 또 다른 예를 들어보자. 이 주마다 가정을 옮겨 다니는 두 자매의 가족을 들 수 있는데, 이처럼 이미 만족스럽게 이루어지고 있던 두 아이의 가정 간 이동에 금이 가기 시작하였다.

십대 자매인 수지와 레나는 자신들의 두 가정에서 균등하게 시간을 보냈다. 그러던 어느 날, 자매는 그러한 이동에 반항하면서 자신들은 엄마와 의붓아빠와 살고 싶다면서 아빠와 의붓엄마와는 더 짧게 만나겠다고 하였다. 다행히도, 양쪽 집의 어른들은 항상 아이들에게 가능한 최대한의 선택권을 주는 쪽으로 해왔다. 아이들이 하고 싶어하는 활동 하기, 친구들을 집에 놀러 오게 하거나 오지 않게 하는 것, 각각의 집에 아이들 각자의 방을 만들어놓는 것 등등을 아이들에게 맡겼다.

그 덕분에 아이들에게 뭔가 변화가 일어나고 있다는 것을 이해하기가 상대적으로 쉬웠고 어른들은 상황을 논의하기 위해 다 같이 상담자를 찾아왔다.

두 번째 치료 시간을 통해서 무슨 일이 일어나고 있는지가 분명해졌다. 수지는 이제 열 여섯 살이었고 레나는 열 네 살이었다. 두 가정은 학교와 같은 구역 내에 있지 않았지만, 두 쌍의 부부는 매일 매일 아이들을 학교에 데려다 주고 데려오면서 그들을 볼 수 있었다. 그러나, 이제 아이들에게는 또래들의 비중이 커지고 있었고, 친구들 몇몇은 전화를 어디로 해야 할지를 모르겠다고 불만을 표현했다. 아이들은 자신들에게 주어진 통제력과 그들이 해왔던 선택에 대해 행복을 느끼고 있었지만, 이제는 통제력의 부족을 느끼고 있었다. 상담자의 도움을 받아서, 어른들과 아이들은 함께 만족스러운 새 주거지를 마련할 수 있었다.

아이들 치료

Therapy with Children

아이들은 이 장의 도입부분에서 말했던 세 가지 감정을 매우 분명하게 표현할 수 있다. 상실, 충성심, 통제의 부족.

"엄마가 두 명이면 참 힘들어요, 왜냐하면 (같이 살지 않는) 엄마는 항상 그리울 테고, (두 엄마)모두와 함께 있고 싶기 때문이에요."라면서 여덟 살 짜리 여자아이가 한숨을 쉰다. 아빠, 의붓아빠, 할아버지, 의붓할아버지가 있는 열 세 살짜리 소년이 성년 축하 계획을 짜면서 누구를 초대해야 할지 걱정하고 있었다. "참석한 사람들 모두가 진심으로 축하해 주지 않으면 죄송스러울 거에요. 저는 모두를 초대할 예정인데, 만약 한 분이라도 오지 않으시면 김 샐 거에요."

16세 여자아이가 말하기를, "새엄마는 우리 아빠와 결혼하는 날 나를 능가하는 힘을 얻었다고 느꼈대요. 그 전에는 내 친구였거든요. 천천히 할 필요가 있는데, 새엄마는 '내가 한다' 라고 결심하더니 당장 여러 가지를 바꿔버렸어요."

아이들을 직접 만날 때 돕기 위한 몇 가지 특별한 방법을 알아본다.

1. 정서적인 지지를 제공하라

아이들의 감정은 보통 강렬하고 여러 가지가 섞여 있다. 많은 치료자들이 그들이 만나는 복합가정의 아이들에게서 항상 분노와 슬픔이 존재함을 발견한다. 복합가정들이 대개 처음에는 어려움이 있지만 점차 존경과 즐거움이 가득찬 가정으로 될 수 있다는 것을 알려 주는 것이 아이들에게 도움이 된다. 복합가정에 대한 사회의 부정적 평가가 통합의 영구적인 장애물이 될 수는 없다는 것을 아이들도 느낄 필요가 있다.

2. 감정을 확인하라.

불행히도, 부모와 의붓부모는 아이들의 감정을 확인하거나 수용하지 않는다. 어른들은 종종 첫 날부터 "행복한 가정"을 만들려고 노력하고, 따라서 아이들의 부정적인 감정을 용납할 수 없다. 아이들의 관점에서 초기 복합가정의 삶을 보게 되면, 모든 변화에 대한 아이들의 많은 반응을 이해하기가 수월하다. 치료는 아이들이 야단 맞지 않으면서 그들의 감정을 표현할 기회를 제공한다. 원인을 이해하는 것, 그리고 그들의 감정의 정당성을 인정하는 것은 확실히 아이들에게 매우 중요하다. 특히 그들의 가정이 소중하다는 것을 알아야 할 필요가 있을 때 그러하다.

3. 상실을 슬퍼하도록 돕는다.

어떤 변화라도 상실이 따라온다. 복합가정에서는 사망이나 이혼이 복합가정 형성 이전에 발생하기 때문에 상실이 두드러진다. 아이들은 종종 더 이른 시기에 겪었던 상실의 슬픔을 표현할 수 없는 분위기 속에서 지내오다가 이제는 부(모)와 함께 지내는 시간 및 부(모)의 관심의 상실을 경험한다. 뿐만 아니라 기존의 상실 이외에도 명백한 상실이 더 많이 나타난다. 대개 아이들은 슬픔을 인정하고 표현하고 난 뒤에야 함께 하는 시간과 새로운 상황에서 얻게 되는 이득을 인정하게 된다.

4. 아이들이 무력감을 덜 느끼도록 돕는다.

앞서 강조한 바와 같이, 통제에 있어서 감정은 연령대를 막론하고 모든 사람들에게 기본적으로 중요하다. 사실, 아이들은 종종 가정의 붕괴를 예방하는데 무력했다고 느끼기 보다는 자신들이 그 일에 대해 책임이 있다고 생각하기 쉽다. 아이들의 죄책감이나 책임감을 없애려고 시도하기 전에, 삶의 여러 측면에서 자기 나이에 맞는 자율성을 얻도록 도와주는 것이 더 좋겠다. 만약 아이들이 현재 삶의 다른 측면에서 자율성을 획득하기 이전에 과거에 발생했던 일에 대한 책임감을 먼저 저버린다면, 완전히 무력화되어 우울해질 수 있다. 아이들이 자신의 연령대에 맞는 자유로운 선택을 더 많이 할수록, 삶에 대한 통제력과 지배력을 더 많이 경험하게 될 것이다. 통제력의 부족을 감지함으로써 아이의 분노와 우울이 강화될 수 있다. 증가된 자율성은 이러한 감정을 경감시키고, 반항적이고 받아들이기 어려운 행동들을 줄일 수 있다. 나이가 더 많은 아이들은 더 많은 영역에서 삶의 자율성을 확보하고자 부모, 의붓부모와 대화할 수 있을 것이다. 나이가 더 어린 아이들은 어른들로부터 삶의 통제력을 더 많이 넘겨받는데 있어 치료자의 도움을 필요로 한다. 열 살 먹은 크래그에게는 정말 그랬다.

크래그가 아홉 살 때는 축구를 좋아하고 친구들과 스케이트보드를 타는, 운동 잘하는 아이였다. 부모가 이혼하면서 엄마랑 누나와 함께 원래 살던 동네에 그냥 살게 되었다. 다음 해에 엄마가 재혼하였고 새 부부는 다른 학군으로 이사를 갔다. 크래그는 더 이상 헌신적인 축구 코치가 있는 학교에 다닐 수 없었고, 방과 후에 친구들을 만날 수도 없었다. 크래그는 소심한 아이가 아니었지만 학기 중간에 전학을 갔기 때문에 이미 형성된 또래 집단에 낄 수가 없었다. 크래그의 학교 성적은 곤두박질쳤고 놀이터와 집에서는 말썽꾸러기가 되었다. 학교 직원의 권고로 크래그의 엄마는 크래그를 소아심리학자에게 데려 갔다. 크래그와 대화하고 나서, 심리학자는 엄마, 의붓아빠와 만날 시간을 정하였다. 상담하는 동안 심리학자는 크래그가 이사로 인해 경험하게 된 많은 상실에 대해 대략적인 설명을 하였고 크래그가 지지와 통제의 영역을 다시 획득하도록 어른들이 도와줄 수 있는 부분을 제시하였다.

다음 상담에서는 크래그가 엄마, 의붓아빠와 함께 참석하였다. 모두들 크래그가 이전의 친구들을 초대할 수 있는 방법에 대해 이야기를 나누었다. 또한 크래그는 현재 같은 반 남자 친구 두 명에게 곧 시내에 올 서커스를 보러 가자고 말하고 싶어했다. 이를 실천에 옮기고 나서부터 새로운 친구들과 다른 일들을 하기 시작하였다. 크래그는 학교의 하키팀에 들어갔고 팀이 다른 학교와의 대항전을 위해 여행할 때면, 엄마와 의붓아빠가 열광적인 지지자로서 따라갔다. 크래그의 좋은 특성들은 다시 나타났고 학교 성적도 놀랄 만큼 급속도로 향상되었다. 얼마 지나지 않아서 그는 방과 후 날마다 골라야 할 정도로 활동이 늘어났다.

우리가 알고 있는 각기 다른 세 가정에서는, 자기 집 자동차를 사용하도록 허락 받았을 때 십대들의 감정이 급진적으로 변화하였다. 그것은 그들과 그들의 판단을 신뢰한다는 의미일 뿐만 아니라, 아이들로 하여금 이전의 삶에서는 갖지 못했던 중요한 통제력을 갖도록 하였다. 두 가정의 경우 아이들이 빌린 것은 의붓부모의 차였다. 청소년들은 의붓부모가 자신들을 신뢰하고 있다는 사실에 대해 특별한 감동을 받았다. 더 어린 아이들은 옷, 머리 모양, 또는 하고 싶은 학교 활동에서 선택의 자유를 누릴 수 있을 것이다.

선택은 다른 사람들의 통제로부터 자유를 가져오고, 어떤 가정이나 아이들의 행복은 성숙 단계와 상응하는 영역에서 선택할 기회를 가지면서 생기는 힘과 더불어 늘어난다.

5. 부(모)가 사라져버린 아이들을 격려한다.

드물지만, 아이들이 더 이상 다른 부(모)를 만나고 싶어하지 않을 수도 있다. 그러나 대부분의 아이들은 이혼 후에도 부모 모두를 만나고 싶어한다. 부(모)가 떠나버리면, 아이들은 종종 그 부(모)가 자신들을 사랑하지 않았다고 느낀다. 그렇지 않다면, 아빠 또는 엄마가 그들을 버리지 않았을 것이라고 생각한다. 흔히 아이들은 자신들이 뭔가 잘못한 것이 있거나 사랑스럽지 않다고 믿어서 자존심이 떨어지게 된다.

이러한 상황 속에서 치료 작업은 아이들의 자기확신을 회복시키고 또한 아이들이 상실에 대한 슬픔을 다룰 수 있게 도와주는 작업이다. 아이들의 자존심을 올리는 한 가지 방법은 그들의 부모가 부모 내부의 문제, 즉, "어른들의 문제"로 인해 사라지게 된 것임을 이해할 수 있도록 도와주는 것이다. 어떤 아이들은 무엇이 부모를 사라지게 했는지 알고 싶어할 것이다. 이는 쉽게 대답해 줄 수 있는 의문이 아니며, 혹은, 대답을 해줘도 그 의문이 풀리는 것도 아니다. 그러나 아이들은 종종 부모의 이혼 동기에 대해서 자기 생각을 갖기 마련이다. 자기들을 포함하지 않는 해답을 찾아내도록 도와주면, 아이들은 긴장을 풀고 사라진 부모에 대한 책임감을 털어버릴 수 있다.

6. 아이를 부모에 대한 책임감으로부터 해방시킨다.

편부(모) 시절에는, 아이들이 종종 어른의 보호자가 된다. 한 십대 아이는 부모가 이혼하던 시기가 자신에게 어떤 영향을 끼쳤었는지에 대한 기억을 되살려 이렇게 말했다. "부모님의 문제가 내 문제 보다 더 심각해 보였고, 내 감정 때문에 부모님을 힘들게 하고 싶지 않았어요."

재혼 후에도 계속해서 아이들은 부모에 대한 책임감을 유지하려고 한다. 예를 들면, 재혼한 부모와 같이 살기 보다, 자신들을 "필요로 한다"고 느끼는 다른 부(모)와 머무르기를 결정할 수도 있다. 이러한 현상은 부모가 아이의 최대 관심사라고 여기는 것 중 하나인 십대 자녀를 위해 거주지 변경 계획을 실행할 때조차 발생할 수 있다. 어린 아이들까지도 부모의 요구에 모든 것을 맞추기 때문에 자신의 요구는 감추게 된다.

부모들 간에 적대감이 있는 경우, 아이들은 특히 취약하다. 어떤 청소년들은 아파서 병원에 가야 하는데도 엄마가 알게 되면 치료비를 누가 내야 되는 지로 전 남편과 싸울 것 같아서 엄마에게 말하지 않았다고 했다. 어른의 행동은 어른이 책임져야 한다는 것을 아이들이 이해할 수 있도록 도와줘야 한다.

7. 분노를 수용하고 분명하게 밝혀 준다.

복합가정 내에는 상당한 양의 분노가 흐를 수 있는데도 실제적인 초점의 대상에서 벗어나 있다. 아이들은 부모의 사랑을 잃는 것을 두려워 한다. 따라서 아이들은 화가 나면, 의붓부모에게 화를 내는 것이 덜 위협적이다. 의붓부모를 상실하는 것은 겁나지 않기 때문이다. 종종 의붓자녀가 실제 자신의 부모에게 느끼는 분노를 의붓부모에게 표현하기도 한다.

아이들 입장에서는 치료 시간에 자신들의 분노를 인정할 수 있는 것이 매우 중요하다. 그래서 아이들을 만나는 자리에는 아이들의 분노를 무시하거나 이해하지 못하는 어른은 참석시키지 않는다. 상황을 해결하거나 또는 적어도 이해라도 하려면 아이들의 분노의 근원을 분명히 밝히는 것이 중요하다. 열 살 된 재니는 다음과 같이 표현했다.

재니: 새엄마가 미워요. 새엄마는 싫어요. 어디로 멀리 가버렸으면 좋겠어요.
치료자: 네가 싫어하는 새엄마의 행동은 어떤 거야?
재니: 새엄마는 자기 아들을 아기처럼 다뤄요. 저보다 나이가 조금 더 많아요. 새엄마가 저를 그런 식으로 대하지 않기를 바래요.
치료자: 새엄마가 어떻게 아기처럼 다루는데?
재니: 먹고 싶어 하는 것을 계속 주는 거에요. 하루는 의붓오빠가 아팠던 적이 있는데 침대 속에만 있게 했어요. 우리가 위로 가서 오빠 방에서 점심을 같이 먹었어요. (재니의 눈물이 뺨을 타고 흘러 내렸다)

우리 엄마라면 그렇게 하지 않았을 거에요. 그건 아기나 하는 일이에요. 엄마는 내가 혼자 알아서 하도록 놔두었을 거에요.

치료자: 아마 너도 그런 관심을 받고 싶은 때가 있는 모양이구나. 아이들이 다 그렇지. 내 생각에는 아이들이 아플 때 특히 그런 것 같더구나.

재니: 아냐. 그렇지 않아요. 절대로! 우리 엄마는 날 버릇없게 만들지 않아요!

치료자: 오, 너는 새엄마가 의붓오빠를 응석받이로 만든다고 생각하는구나. 그렇게 되면 어떻게 되는 거니?

재니: 오빠는 안 아플 때도 항상 우리가 자기와 식사하기를 바랄 거에요.

치료자: 실제로 그러니?

재니: 아니오. 그렇지만 가능해요.

치료자: 네가 아프면 새엄마가 너에게도 똑같이 해줄 거라고 생각하니?

재니: 아마 그렇겠죠.

치료자: 음흠...아마도 너는 친엄마가 아주 조금은 그렇게 해주었으면 하고 바라는 것일 수도 있겠다.

재니: 아마도, 조금은.

치료자: 그런 일들은 아이들을 화나게 하지. 너도 때로는 엄마에게 약간 화가 날 수도 있겠다.

재니: 아마도.

치료자: 누군가가 아플 때 그런 식으로 하는 새엄마가 있어서 힘드니?

재니: (울면서) 나는 새엄마가 좋은 엄마가 되는 걸 원치 않아. 나는 우리 엄마가 좋은 엄마이길 바래요.

치료자: 그래서 너는 실제로는 엄마 때문에 화가 날 때가 있는데, 엄마보다는 새엄마에게 화내는 것이 더 쉬운가 보구나. 엄마랑 새엄마는 각자 서로 많이 다르지.

어떤 면은 네가 매우 좋아하고 어떤 면은 다르게 해 줬으면 하고 바라는구나. 그럴 때 화가 나는구나.

8. 아이들이 "중간으로부터 탈출하도록" 돕는다.

두 가정의 부모들 사이에 긴장과 적대감이 있을 때 아이들이 그 사이에서 어쩔 줄 몰라 하는 경우가 왕왕 있다. 때로, 아이들이 전달자, 스파이 역할을 하기도 하고 적대감 속에서 갈등을 겪기도 한다. 아이들은 이러한 상황을 여러 가지로 표현한다. 예를 들면, "엄마 아빠는 서로에게 화살을 쏘고 있고 그 화살은 곧장 저를 통과해서 지나가죠."라거나, "엄마 아빠는 공을 주거니 받거니 던지고 있는데 제가 그 공이에요." 치료자의 격려를 받으면서 많은 청소년들은 부모 중 한 명이나 둘 모두에게 "저는 두 분 사이에서 왔다 갔다 하며 메시지를 전달하고 싶지 않아요. 전화하거나 편지를 쓰세요. 두 분이 직접 얘기하세요. 부탁이에요."라고 말할 수 있다. 어른들은 자녀들이 처한 어려운 입장을 잘 알지 못할 때가 많다. 따라서 아이의 그러한 요구는 문제점을 분명히 말하는 것이고 변화를 가져올 수 있다.

더 어린 아이들은 직접적으로 이야기하지 못할 수 있다. 아이들이 허락한다면, 치료자가 부모들에게 이야기해 줘야 할 것이다. 아마 그리고 나면 부모들은 자신들의 행동을 인식하고 그것이 아이들에게 끼친 나쁜 영향을 깨닫게 될 것이다. 어른들이 자녀를 사랑하기 때문에 변해야 되겠다는 동기가 생기게 되고 아이들은 부모 사이의 중간 위치에서 벗어날 수 있게 된다. 한 예로, 한 예민한 엄마는 자신이 전 남편, 즉 아이가 사랑하는 아빠에 대해 화내며 말할 때마다 어린 아들이 화가 났었다는 것을 몰랐다. 치료자가 이러한 행동에 대한 아이의 분노를 엄마에게 알려주자, 엄마는 빠르게 변했다. 그녀가 전 남편에 대한 자신의 분노를 갑자기 없애지 못했음에도 불구하고 아이가 같이 있거나 들을 수 있는 상황이라면 아빠에 대하여 감정적으로 좋지 않은 주제로 이야기하지 않는 것을 철칙으로 했다. 그렇게 함으로써 만족스러운 결과를 얻을 수 있었다.

9. 아이들이 감정을 행동화하기 보다는 말로 표현하도록 돕는다.

이 장에서 앞서 다룬 바와 같이, 어린 아이들은 감정을 말로 표현할 수 있는 능력이 부족하다. 대신 어른들을 당황스럽게 만드는 행동을 자주 보인다. 그 결과, 아이들은 어른들이 그 행동 속에 담겨진 메시지를 이해하지 못하는 것 때문에 더 화가 나게 된다. 아이들이 나이를 먹고 성숙해지면서 더 많은 언어 능력을 갖게 되지만 비슷한 경험을 할 수 있다.

아이들 문제의 일부는 아이들이 종종 감정을 말로 표현하지만 어른들이 듣지 않거나 아이들이 말하고 있는 것에 대해 화를 내게 된다는 것이다. 무엇보다도, 치료자는 아이들이 어떻게 느끼는지에 대해 말할 수 있도록 신뢰감을 쌓을 시간이 필요하다. 그리고 나서 아이들이 부모에게 편지를 쓰도록 돕거나 덜 위협적인 방법으로 부모와 대화하는 것을 도와줄 수 있을 것이다. 식구들이 모두 다 함께 치료자를 만나는 방법도 있다.

이혼한 많은 친부모들은 자녀들이 학교 생활의 문제가 있거나 아파서 병원에 가야 하는 경우와 같은 부정적인 일이 있을 때만 만나게 된다. 어떤 아이들의 경우 부정적인 행위를 하는 이유는 부모를 같이 만나게 하려는 이차이득 때문이다. 위기의 상황에서 친부모가 함께 있는 것을 보면서 영원히 함께 되돌아갈 것이라는 희망이 최고조에 달했을 때, 그 희망이 현실화되지 않으면 아이들은 그저 끔찍하게 실망할 뿐이라고 말하는 것을 자주 들어왔다. 부모들이 단순히 위기 상황에만 만나기 보다는 함께 모일 긍정적인 이유가 있을 때도 서로 서로 연락할 필요가 있다. 아이들이 부모들 간의 협력이 서로에게 화해의 신호를 보내는 것이라고 상상 하는데 있어 의붓부모의 존재 또한 걸림돌이 된다.

그러한 모든 상황에서, 치료 과제는 아이들의 감정을 수용하고 정상화 시키며 말로 표현하게 하는 것이다. 그리고 무슨 일이 발생하고 있는지를 어른들이 이해하도록 돕는 것이다. 이전 배우자들은 긍정적인 일이든 부정적인 일이든 함께 만날 필요가 있고 아이들은 같이 살지 않는 다른 부(모)에 대해 알고 싶거나 같이 지내고 싶은 마음을 어른들에게 이야기할 수 있어야 한다. 종종, 대화를 위해 치료자의 지지가 필요하다.

10. 부모 자녀 간 시간 안배를 재구성 하는 것은 애정의 상실이 아니다.

부(모) 재혼 후 아이들에게 있어서 가장 화가 나는 일 중의 하나는 부(모)의 관심은 물론, 함께 보내는 시간의 상실이다. 부(모)는 이제 신경 써야 할 새 짝이 생겼고, 어쩌면 의붓자녀도 생긴다. 어른들은 종종 "행복한 한 가정이 되는" 과정을 서두르기 위해서 모든 것을 다 같이 해야 할 필요가 있다고 생각한다. 행복한 한 가정을 이루는 과정에서 부모 자녀 간 시간의 재조정이 필수적으로 일어나는데, 이것이 아이들에게는 상실이 된다는 것을 부모가 모를 수 있다. 치료자는 같이 보내는 시간이 줄어든 것이 애정의 부족을 의미하지는 않는다는 것을 아이들이 알도록 도와줄 수 있다. 많은 상황이 변할 수 있는 것을 설명하기 위해 장난감과 친구들에 대한 아이들의 반응을 예로 들어서 아이들의 이해를 도울 수 있을 것이다. 아이 각자가 어떤 장난감이나 친구들과 보내는 시간이 달라진다고 해서 그들에 대한 관심이 변하는 것은 아니다.

그러므로 치료자는 어른들에게 가정 내에서 일 대 일로 만나는 시간이 필요함을 가르쳐줘야 한다. 예를 들어 어떤 새 복합가정에서 남편과 부인의 두 아이들 모두 엄마의 관심을 충분히 받지 못했다고 느낀 것으로 나타났다. 엄마는 엄마대로 아이들이 원하는 모든 것을 다 해주려고 노력하는 것과는 동떨어짐을 느꼈다. 치료자는 가족 네 명을 모두 만났고 개개인에게 일대일로 만나는 것이 얼마나 중요한지와 교대로 만날 필요성에 대해 설명하였다. 아이들의 엄마는 흥분하면서 "어머, 그건 내가 아이들 각자와 무언가를 할 수 있고 가끔씩은 남편과 둘이서만 영화를 보러갈 수 있다는 걸 뜻하네요."라고 말했다. 남자 아이와 의붓아버지는 함께 낚시 갈 계획을 세우기 시작했고, 또 그와 의붓딸은 서로 같이 무엇을 할지 생각하고 싶다고 했다. 편부(모) 가정 보다는 엄마와 아이가 같이 보내는 시간이 더 적었지만 애정이 더 적은 것은 아니었다. 그들은 부모의 관심을 독차지하면서 보낼 특별한 시간과 의붓부모 의붓자녀 끼리 따로 보낼 시간도 계획하게 되었다.

11. 치료를 도와줄 보조물을 이용한다.

모든 연령대의 아이들을 대상으로 하여 이혼과 재혼을 다루고 있는 좋은 책들이 많다. 일부는 지역 도서관이나 서점에서 구할 수 있을 것이고 상당 수의 책들은 미국 복합가정 연합(Stepfamily Association of America)에서 구할 수 있다. 아이들을 위한 책 목록이 이 책의 자료모음 부분에 실려 있다.

이혼과 재혼을 다루는 아이들 집단도 유용하다(자료모음 참조). 정신 건강 단체 뿐 아니라 학교와 교회에서도 그러한 집단을 만들기 시작하고 있다. 그들은 아이들에게 복합가정과 이혼 상황이 비정상적인 것이 아님을 인식시키기 위한 행동을 할 수 있고, 아이들이 혼자가 아니며 현재 겪고 있는 가정의 변화에 대한 책임이 없음을 알게 하는 기회를 제공할 수 있다.

요약

Summary

    각각의 환경에서 따라야 할 규칙들을 분명하고 모호하지 않게 제시한다면, 아이들은 종종 놀라울 만큼 탄력적인 반응을 보이고 변화에 잘 적응한다. 감정을 행동으로 표현하는 아이들의 방식이 때로는 상황을 어렵게 만들어서 아이들이 "환자로 판명"되어 치료자를 만나게 될 때에도, 이 장에서 논의된 수준에서 이루어지는 공정하고 간단한 치료 개입을 통하여 종종 크게 달라질 수 있다. 많은 경우, 어린 아이들은 어른들이 아이들 반응의 원인이 무엇인지를 더 많이 이해할 수 있게 되면 만날 필요가 없게 된다. 따라서, 중요한 치료 개입은 그저 부모들이 가정 내에서 무슨 일이 일어나고 있고 더 좋은 쪽으로 가기 위해서는 어떻게 해야 하는지를 이해하도록 도와주려고 하면서 그들과 함께 작업하는 것일 수 있다. 평소에는, 아이들과 어른들이 서로에게 관심을 가지고 더 잘 대화하는 방법을 배울 수 있도록 한 가족 또는 여러 가족이 같이 만나는 것이 중요하다.

7

성공적인
복합가정

이제까지는 복합가정 연구, 임상경험 결과 및 복합가정 치료 워크숍 동안 대화를 나눌 기회가 있었던 정신건강 전문가들의 관찰에서 나온 정보와 아이디어에 대해 다루었다. 이 자료들을 요약하고, 어느 복합가정에서나 생길 수 있는 여러 가지 난제들을 자기들 만의 방식으로 해결하는 데 성공한 복합가정으로부터 나온 아이디어와 의견을 제공하면서 결론을 내리고자 한다.

여기 인용된 가족의 모습을 통해 건강한 재혼 가정의 모델 뿐만 아니라, 어떤 형태의 가정에서도 따뜻하고 가치 있는 관계를 만들고 유지하는데 필요한 것을 찾아 낼 수 있다. 튼튼한 가족의 울타리를 만들어 나가는 과정에 수반되는 거의 모든 감정과 행동의 자각과 함께 복합가정 구성원의 경험은 모든 가정에 교훈이 될 수 있다. 성공적인 복합가족 관계를 형성하는데 결정적인 상호작용은 모든 가정에서도 기능을 촉진시키고 향상시킬 수 있다. 재혼한 부모, 양부모, 재혼 가정에 살고 있는 아동을 통해 다양함을 수용하는 법, 인생에서 피할 수 없는 손실을 다루는 법, 우리의 중요한 상호관계를 당연한 것으로 여기지 않는 것 등의 중요한 교훈을 배울 수 있다.

복합가정의 구성원들은 각자의 과거사를 이야기함으로써 점차 편안해질 수 있다. 저자들은 우리가 만났던 가족들로부터 계속 배우고 있다. 신나는 작업인 동시에 우리가 논의해 온 임상적 느낌과 연구의 정당성을 확인하는 과정이기도 하다. 이들 가족의 접촉과 Kelley(1995)의 책에서 발췌한 내용을 다음에 열거하였다. Kelly의 책은 성공적인 복합가정 20례에 대한 연구보고서이며, 이 책에서 재혼이 성공적으로 이루어지는데 필요한 구성요소를 기술하였다.

놀랍게도, 이들 가정에서는 복합가정생활에서 실제적인 기대를 갖는 것이 중요함을 지지하였다. 즉, 견고하고 통합된 부부관계를 형성하기, 가정사를 처리함에 있어 중요한 절차와 전통을 만들어 나가기, 긍정적인 가족관계 형성, 아이들의 다른 가족과 협조하기 등이다. 다음에 나오는 이야기들은 이러한 분야에 대한 제시와 아이디어이며, 복합가정 구성원들이 감사해 하는 가정사를 다루고 있다.

성공적인 복합가정의 구성요소
Ingredients of Successful Stepfamilies

실제적인 것을 기대하기

실제적인 기대를 갖는 것은 중요하다. 다음의 인용구는 많은
가정의 생각을 대변한다.

"우리는 우리 가정을 그림엽서에 나오는 것처럼 잘 단합된 가
족으로 만들기 위해 노력했다....잘 되지 않았다. 우리는 당
황했고 점차 더 상황이 나빠졌다."(Kelly 1995, 81쪽)

복합가정에서 흔히 볼 수 있는 큰 문제들은 다음과 같다.

- 즉흥적인 사랑은 신화에 불과하다. 복합가정의 부모는
  서두르지 말고 천천히 나아가야 한다. 미식축구의 치어
  리더가 될 필요는 없다.
- 사이가 좋아지도록 강요하는 시도는 하지 마라. 각자 나
  름대로의 속도로 관계가 형성될 수 있도록 내버려두고
  기다려라.
- 아이들이 아주 어리지 않다면 부모는 자녀를 야단칠 필
  요가 있다. 어른들은 관계가 형성되기도 전에 의붓부모
  가 이런 역할을 할 수 있으리라고는 상상도 못 한다.

부부 관계 강화하기

제대로 된 부부 관계가 만들어져야 가족을 함께 모으고, 다른 가족간 관계를 발전시키고, 가족 기능을 정착시킬 수 있다. 부부 관계야 말로 이를 제대로 이루기 위한 모든 가정의 실질적인 기본 과제이다. 모든 일에 초석이 되고 가족이 난관을 헤쳐나가는 데 핵심 요소로 작용하는 것이 바로 좋은 부부 관계이다. 다음은 그렇게 하기 위한 제안이다.

- 성인에게 개인 공간이 필요한 것처럼 부부에게도 사생활과 공간이 필요하다.
- 부부는 가족 상황에 적절한 방식으로 경제 원칙을 세울 필요가 있다. 이는 Kelley(1995)의 가족연구에서 지대한 관심을 기울인 분야이다. 돈을 운용하는 데 있어 확실한 체계를 갖추고 있어야 가족이 성공적으로 기능할 수 있다.
- 가족 구성원 모두는 자신들이 좋아하지 않는 일과 익숙치 않은 일을 참아 내는 것을 배워야만 한다.
- 어른은 혼자 있는 시간이 필요하다. 부부는 특히 애들과 떨어져 있는 시간을 가질 필요가 있다.
- 부부 각자는 가족의 책임을 나누어 질 필요가 있다.
- 강력한 사회적 지지 체계를 갖는 것이 중요하다.

다음의 문구는 부부 관계의 중요성을 표현하는 것이다.

"남편은 정말로 현재 우리 가정에 몸 담고 있어요. 내가 좌절을 겪을 때 격려해 주지요."
"아내와의 관계가 먼저 확립되어야 가족 문제를 다루는 데 함께 합니다."

건설적인 습관 만들기

"가족 의식은 가정의 주체성을 확립하는데 도움이 되는 조절방식이며, 가족구조와 응집력을 제공하는 조절방식이다"(Hartman과 Laird 1983, 320쪽). 이러한 관습은 가족 구성원이 서로 연결되어 있고 새로운 복합가정의 한 부분임을 느끼게 하는 데 도움이 되므로 특히 중요하다. 매일 매일 일과를 예측할 수 있게 됨으로써 가족 구성원들이 생활에 좀 더 통제력을 갖게 된다.

- 매일 매일의 습관은 중요하다. 머리맡에서 옛날 이야기 해주기, 집안 허드렛일, 식사 메뉴 고르기, 부(모)와 함께 지내기, 의붓부(모)와 함께 하기 등은 모두 "함께 하는 시간"이다. 불필요하게 길게 할 필요는 없지만 계획을 세워서 규칙적으로 할 필요가 있다.

- 여러 가족 구성원의 필요성을 고려해야 하기 때문에 융통성이 필요하다. 따라서 새로운 관습을 고안해야 할 필요가 있을 수도 있다. 하누카(유태교의 신전 정화 기념 제전)와 크리스마스를 모두 축하하기, 가족을 바꿔가면서 추수감사절 보내기, 일상적으로 해 오던 날자가 아닌 날 축하하기.

- 아이에게 특별한 시간(졸업, 결혼)을 위해 어른들이 잠시나마 자신들의 감정을 접어두고 만나기. 그렇게 함으로써 아이가 친부모와 의붓부모를 모두 만나 기쁨을 누릴 수 있도록 해 준다.

- 가족 만남을 통해 어려운 문제를 긍정적인 방향으로 풀어 나가는 데 도움이 될 수 있다. 가족 구성원이 돌아가면서 만남시간을 주재하도록 한다. 모든 생각은 동등하

게 취급된다(아무리 생각해도 실행 불가능한 제안에 대해서는 어른이 거부권을 행사할 수 있다).

- 가정에 대한 규칙과 역할을 수립하는 데 있어서 창조적이 되라. 이러한 생각들은 가족 만남시간에 좋은 토론 거리가 된다.

만족스런 의붓가족 관계 수립하기

복합가정의 어른은 물론 아이들에게도 상당히 중요한 부분이므로 제시할 내용이 많다.

- 의붓부모는 서서히 간섭하고 훈육을 즉각 시작하지 않는다.
- 의붓부모는 아이의 친부(모)와 경쟁하지 않는다는 점을 확실히 해야 할 필요가 있다.
- 의붓자식과 함께 할 수 있는 특별한 무엇을 찾기. 예를 들어 당신이 낚시를 좋아하는 데 의붓자식이 관심을 보인다면, 낚시를 통해 관계를 형성한다. 단, 특별한 '무엇'이 어딘가 살고 있는 의붓자식의 친부(모)와 아이의 관계에 대한 경쟁수단이 되어서는 안 된다.
- 아이와 어른이 서로 공경할 필요가 있다.
- 의붓부모는 친부(모)–자식 사이의 일대일 만남을 지지해 줄 필요가 있다. 이렇게 중요한 관계를 확립하기 위해서는 의붓자녀와 일대일로 만나는 시간을 만들어야 한다.
- 존경과 좋아하는 것이 사랑보다 더 중요하다.
- 아이들에게 의붓부모를 어떻게 부르는 게 좋을지 물어 보라. 이 문제는 타협의 여지가 있다.

- 신용을 쌓는 것이 중요하다. 앞서 언급한 것처럼, 몇몇 젊은이들은 의붓아버지가 자신의 차를 운전하도록 허락해 준 것에 대해 말했고, 그 중 하나는 '급작스런 관계변화'에 대해 다음과 같이 말했다. "저를 믿어주시는 것 같이 느꼈어요. 우리 관계가 정말 달라졌어요."
- 친부(모)는 의붓부(모)가 가족의 일원이 될 수 있도록 기회를 제공했다. 어린 아이가 있는 경우 엄마가 항상 신발끈을 매주지 않고 의붓아버지가 끈을 매 줄 수 있도록 했다. 의붓부모 각자가 데리고 온 아이가 있는 가정인 경우, 의붓부모가 각각 의붓자녀에게 용돈을 주었다.
- 좀 더 큰 애들인 경우 이전 부모와 살 때 쓰다가 가져온 물건을 본인의 의사를 물어보지도 않고 없애지 않는다.
- 원만한 의사소통과 유머감각은 매우 도움이 된다.

다른 가족구성원과의 문제 다루기

끝으로 다룰 부분은 아이들의 다른 가족과의 관계를 다뤄 나가야 하는 것으로 상당히 어려운 과제였다. 아이들은 어떤 협력에도 감사하였으며, 어른들은 다른 가족구성원과 아이의 관계를 존중할 필요를 피력하였다. 많은 사람들이 가족구성원간 협력관계의 가치와 중요성을 강조하였다.

"처음에는 일주일에 두 번 만나러 갔는데, 그건 너무 혼란스럽더군요. 그래서 이 주일에 한 번 갔는데 그건 또 너무 길더군요. 어느 가족이랑 있든지 다른 가족이 그립더라구요. 매주 한 번이 적절한 것 같았고, 그 뒤로는 그렇게 지키고 있지요."
"전 남편은 아이 기르는데 한 푼도 보태주지 않았지만, 아이들은 지들

아빠를 볼 필요가 있어요. 앞으로도 그 사람이 한 푼 안 보태주더라도 아이들과 함께 지내는 시간을 막지 않을 거예요. 그 사람은 아이들한 테는 좋은 아빠에요."

"첫 해는 어려웠어요. 그래도 우리 모두 힘을 합했어요. 아이들을 '공유' 하는 것을 배우면서, 나라는 존재의 중요성을 잊지는 않겠지만 계모가 그네들 삶에서 매우 중요한 사람이라는 것을 받아들였어요. 내게 있어서 아이들 계모는 힘이 넘치는 사내아이 셋을 기르는 동반자가 되었어요. 다 그렇듯이 모든 게 완벽할 수는 없어요. 그래도 사람들이 살면서 사랑하고, 사는 동안에 많은 사람을 사랑할 수 없다는 것을 배우면서 자라는 애들을 보면 내 마음속에서 순간순간 부러움이 생겨나요."(산타 바바라에서 열린 미국복합가정협회 총회에 전달 된 익명의 편지에서 발췌)

복합가정이 주는 보상에 대해 감사하기

일반적으로 아이들이나 어른이나 가정의 통합과정을 거쳐 보상단계에 이르려면 상당한 시간은 물론 수고와 인내를 필요로 한다. 가정생활의 감사함에 대한 일반적인 내용 이외에도, 복합가정 구성원들은 특별히 보상을 받는 듯한 느낌과 상황에 대해 말했다. 그 중 일부를 인용한다.

"의붓딸이 시집가면서 말했어요. '새 엄마랑 같이 살지 않았다면 난 엄마가 뭔지, 어떻게 엄마가 되는 것인지 영영 몰랐을 거예요.' 그 말이 그 동안 있었던 모든 어려움이나 문제들이 다 내게 소중한 것이었음을 깨닫게 했어요."(홀아비와 결혼한 의붓어머니의 말)

"나는 꽤나 고지식한 사람이었어요. 융통성 있게 사는 법을 배웠어요. 집에서는 물론 직장에서도 도움이 되었어요."(의붓아버지의 말)

"무슨 일이 일어나도 살아남을 수 있는 법을 배우지요. 자신감이 생깁니다."(어떤 어른의 말)

"내가 어릴 때 하고 싶어도 못 했던 것들을 직접 행동으로 옮기면서 사는 아홉 살 짜리 의붓아들이 있어요. 친구들이 놀면서 자랄 때 나는 먹고 사는 데 신경을 썼어야 했어요. 그런데 이 아들은 빈둥거리면서 지내다가 가끔은 대들기도 합니다. 그 아이를 지켜보는 게 재미있습니다."(의붓아버지의 말)

아이들에게서 들은 말도 있다.

"우리 식구는 함께 하는 시간이 훨씬 더 많았기 때문에 따로 살고 있는 친가족보다도 더 가깝습니다."
"사랑을 더 많이 받기 때문에 가정이 둘이라는 게 정말 좋아요."
"누구나 상처를 받고 누구나 살아남지요. 처음에는 제가 극복해 낼 수 없을 거라고 생각했어요. 이제는 제가 그 정도보다는 훨씬 강하다고 생각해요."
"지금은 새 사람이 많이 생겼어요. 할아버지, 할머니도 많이 생겼어요. 정말 재미있고 좋아요."
"이제 친구도 더 많아지고, 선물도 더 받고, 축하할 일도 많아지고, 사랑해주는 어른들도 많아지고, 집에는 같이 놀 아이들도 늘어나고, 갖고 놀 물건도 더 많아졌어요."

우리는 많은 재혼 가정으로부터 여러 가지 통절한 이야기나 가슴 찡한 이야기를 많이 듣고 있다. 복합가정 구성원들은 거의 항상 의식적으로 구성원간 상호작용에 대해 의식하고 있는 것으로 나타난다. 상호 보상성 교류는 오랫동안 여운을 남긴다. 태어나서부터 경험하지 못했던 '관계'의 싹이 자라나기 때문에 영원히 특별한 기억으로 남는다. 대신에, 이러한 일들은 고통과 놀라움 속에서 탄생된다.

결론

온정이 넘치고 인간애가 충만한 가정을 만들어가기 위해 부모와 의붓부모가 들이는 헌신적 노력과 시간은 보는 이에게 감동을 주기에 충분하다. 많은 재혼 가정에서 이러한 통합과정이 치료적 도움 없이 이루어지는 반면, 도움 받을 수 있는 방법을 찾고 있는 가정도 적지 않다. 낯선 이들이 한 지붕 아래 모여 사는 상태에서 서로 돕는 가족 구성원으로서 소속감을 느끼며 가정을 꾸려가는 과정의 복잡성을 감안한다면 도움을 필요로 하는 것이 새삼스러운 일은 아닐 것이다.

점진적인 변화가 일어나고 있다. 이에 대한 책도 계속 출판되고 있으며, 여러 가지 강좌 및 과정, 지지 및 치료집단, 재혼에 대한 인식과 성공적으로 이끌 수 있는 방법들이 늘어나고 있다. 사회적 변화와 수용이 좀 더 이루어지고 더 많은 정보, 교육, 치료적 인식과 지지가 가능해 지면, 성공적인 재혼 가정이 점차 증가하리라고 믿어도 될 것 같다. 이를 목표로 꾸준히 추구해 나가야 할 것이다.

자료모음

국내 서적(역자 삽입)

1. 김종숙 옮김. 재혼 가족관계. 한국문화사, 2003.
2. 마주해. 재혼 그리고 함께서기. 국민일보, 1999
3. 장혜경, 민가영. 재혼가족의 적응실태와 지원방안에 관한 연구. 한국여성개발원, 2002
4. 장혜경 외. 당당하게 재혼합시다. 조선일보사. 2002

치료자와 상담가를 위한 자료

1. Papernow, P. Becoming a Stepfamily: Patterns of Development in Remarried Families. San Francisco: Jossey-Bass, 1993.
2. Sager, C.J., et al. Treating the Remarried Family. New York: Brunner/Mazel, 1993.
3. Visher, E., & Visher, J. Stepfamilies: A Guide to Working with Stepparents and Stepchildren. New York, Brunner/Mazel, 1979. (Also available in paperback under a different title, Stepfamilies: Myths and Realities)
4. Visher, E., & Visher, J: Old Loyalties, New Ties: Therapeutic Strategies with Stepfamilies. New York: Brunner/Mazel, 1988.
5. Browning, S. Treating stepfamilies: Alternatives to traditional family therapy. In K. Pasley & M. Ihinger-Tallman (Eds.), Stepparenting: Issues in Theory, Research, and Practice. Westport, CT: Praeger, 1994, pp. 175-198.

복합가정 어른을 위한 자료

1. Burns, C. Stepmotherhood: How to Survive Without Feeeling Frustrated, Left Out, or Wicked. New York: Times Books, 1986.

2. Burt, M. Stepfamilies Stepping Ahead. Lincoln, NE: Stepfamily association, 1989.

3. Bernstein, A. Yours, Mine, and Ours: How Families Change When Remarried Parents Have a Child Together. New York: W. W. Norton, 1990

4. Visher, E., & Visher, J. How to Win as a Stepfamily (Second Edition). New York: Brunner/Mazel, 1991.

5. Twilley, D. Questions From Dad: A Very Cool Way to Communicate with Kids. Boston: Tuttle, 1994.

복합가정 아동을 위한 자료

1. Berman, C. Making It as a Stepfamily. New York: Harper & Row, 1986.

2. Brown, L. K., & Brown. M. Dinosaurs Divorce. Boston: Little, Brown, 1986.

3. Getzoff, A., & McClenahan, C. Stepkids: A Survival Guide for Teenagers in Stepfamilies. New York: Walker, 1984.

4. Magid, K., & Schreibmann, W. Kids Stepfamily Kit (book and audio tape). Lakewood, CO: KM Productions, 1992.

5. Lewis H. C. All About Families— The Second Time Around. Atlanta, GA: Peach Tree Publishers, 1980.

참 고 문 헌

Aydintug, C. D. (1995). Former spouse interaction: Normative guidelines and actual behavior. Journal of Divorce and Remarriage, 22(3/4), 147-161.

Bender, W. N., & Brandon, L. (1994). Victimization of non-custodial parents, grandparents, and children as a function of sole custody: Views of the advocacy groups and research support. Journal of Divorce and Remarriage, 21 (3/4), 81-114.

Bohannan, P.C. (1993). Personal communication.

Boss P., & Greenburg, J. (1984). Family boundary ambiguity: A new variable in family stress theory. Family Process, 23, 535-546.

Bray, J. H. (1988). Children's development in early remarriage. In E.M. Hetherington & J. Arasteh (Eds)., The impact of divorce, single-parenting, and Stepparenting on children. (pp. 279-298). Hillsdale, NJ: Lawrence Erlbaum and Associates.

Bray, J. H. (1992). Family relationships and children's adjustment in clinical and non-clinical stepfather families. Journal of Family Psychology, 6, 60-68.

Carter, B., & McGoldrick, M. (1988). The changing family life cycle: A framework for family therapy (2nd ed.). New York: Gardner Press.

Chollak, H. (1989). Stepfamily adaptability and cohesion: A normative study. Amm Arbor, MI: University Microfilms.

Coale, H. (1993). Personal communication.

Coleman, M., & Ganong, L. (1987). The cultural stereotyping of stepfamilies. In K. Pasley & M. Ihinger-Tallman (Eds.),

Remarriage and Stepparenting: Current research and theory (pp. 19-41). New York: Guilford Press.

Crosbie-Burnett, M. (1984). The centrality of the step relationship: A Challenge to family theory and practice. Family Relations, 33, 459-463.

Fine, M. A. (1992a). Recent changes in laws affecting stepfamilies: Suggestions for legal reform. Family Relations, 41, 430-435

Fine, M. A. (1992b). Families in the United States: Their current status and future prospects. Family Relations, 41, 430-435.

Finkelhor, D. (1994). Current information on the scope and nature of child sexual abuse. The Future of Children, 42, 31-53.

Gamache, S. (1993). Personal communication.

Giles_Sims, J. (1995). A review of current knowledge about child abuse in stepfamilies. Paper presented at the Fourth International Family Violence Research Conference, Durham, NH.

Glick, P. C. (1989). Remarried families, stepfamilies, and children: A brief demographic profile. Family Relations, 38, 24-37.

Glick, P. C. (1991). Address to Annual Conference, Stepfamily Association of America, Lincoln, NE.

Hartman, A., & Laird, J. (1983). Family-centered social work practice. New-York: Free Press.

Hetherington, E. M. (1989). Coping with family transitions:

Winners, Losers, and Survivors. Child Development, 60(1), 1-14

Hetherington, E. M., Stanley-Hagan, M., & Anderson, E. R. (1989). Marital transitions: A child's perspective. American Psychologist, 44(2), 303-312.

Isaacs, M., & Leon, G. H. (1988). Remarriage and its Alternatives following divorce: Mother and child adjustment. Journal of Marital and Family Therapy,14(2), 163-173.

Kelley, P. (1995). Developing healthy stepfamilies: 20 families tell their stories. Binghamton, NY: Haworth Press.

Kimball, G.(1998). 50-50 parenting: Shared family rewards and responsibilities. Lexington, MA: Lexington Books.

Kurdek, L. A., & Fine, M. A. (1993). The relation between family structure and young adolescents' appraisal of family climate and parenting behavior. Journal of Family Issues, 14, 279-290.

Landau-Stanton, J. (1985). Adolescents, families, and cultural transition: A treatment model. In M. P. Mirkin & S. Koman (Eds.), Handbook of adolescent and family therapy (pp.363-381). New York: Gardner Press.

Landau-Stanton, J.K., Griffiths, J. G., & Mason, G. (1982). The extended family in transition: Clinical implications. In F. Kaslow (Ed.), The International Book of Family Therapy (pp.360-368). New York: Brunner/Mazel.

Lutz, P. (1983). The stepfamily: An adolescent perspective. Family Relations, 32, 367-375.

McGoldrick, M., & Carter, B. (1988). Forming a remarried family. In B. Carter & M. McGoldrick (Eds.), The changing family life cycle: A framework for family therapy (2nd. Ed.). (pp.399-429). New York: Gardner Press.

McGoldrick, M., & Gerson, R. (1985). Genograms in family

assessment. New York: W.W. Norton.

Mills, D. M. (1984). A model for stepfamily development. Family Relations, 33, 365-372.

Papernow, P. (1991). Personal communication.

Papernow, P. (1993). Becoming a stepfamily: Patterns of development in remarried families. San Francisco: Jossey-Bass.

Pasley, K. (1987). Family boundary ambiguity: Perceptions of adult stepfamily members. In K. Pasley & M. Ihinger-Tallman (Eds.). Remarriage and Stepparenting: Current research and theory. New York: Guilford Press.

Pasley, K., Rhoden, L., Visher, E. B., & Visher, J. S. (1996). Stepfamilies in therapy: Insights from adult stepfamily members. Manuscript submitted for publication.

Sager, C. J., Brown, H. S., Crohn, H., Engel, T., Rodstein, E., & Walker, L. (1983). Treating the remarried family. New York: Brunner/Mazel.

Stern, P. A. (1978). Stepfather families: Integration around child discipline. Issues in Mental Health Nursing, 1(2). 50-56.

Visher. E. B., (1994). Lessons from remarriage families. American Journal of Family Therapy, 22(4), 327-336.

Visher, E. B., & Visher, J. S. (1979). Stepfamilies: A guide to working with stepparents and stepchildren. New York: Brunner/Mazel. (this book is also available in paperback with the title: Stepfamilies: Myths and realities. Secaucus, NJ: Carol Publishing Co.)

Visher, E. B., & Visher J. S. (1988). Old loyalties, new ties: therapeutic strategies with stepfamilies. New York: Brunner/Mazel.

Visher, J. S., & Visher, E. B. (1989). Parenting coalitions after remarriage: Dynamics and therapeutic guidelines. Family Relations, 38, 65-70

Wallerstein, J. S., & Kelly, J. B. (1980). Surviving the break up: How children and parents cope with divorce. New York: Basic Books.

Weston, M. J. (1993, October 29). Presentation to Stepfamily Association Professional Symposium, Lincoln, NE.

White, L. K., & Booth, A. (1985). The quality and stability of remarriages: The role of stepchildren. American Sociological Review, 50, 689–698.

Whitehead, B. D. (1993, April). Dan Quayle was right. Atlantic Monthly, 27(4), 47–84.

L

M

P

R

S

V

W

재혼 가정 치료

행복한 복합가정 이루기

지은이 / Emily B. Visher, Ph.D.
John S. Visher, M.D.
옮긴이 / 반건호 · 조아랑
발행인 / 김미경
펴낸날 / 2003년 7월 31일
등록일 / 2002년 12월 2일 제2002-6호
펴낸곳 / 도서출판 빈센트
경기도 안양시 만안구 석수2동 309-6
Tel. 02-394-3090 / Fax. 394-3090
편집디자인 / GoodDesign연구소
Tel. 051-636-0399, 636-0398

값 15,000원
파본은 바꾸어 드립니다.
ISBN 89-954278-0-9-93330
e-mail : vincent3466@yahoo.co.kr